KB213950

모성의 공동체 : 여성, 독립, 운동가

박현정 쓰고 윤석남 그림

여여
리리비ㅓ
ㄱ ㅏ

일러두기
1. 미술 작품명은 ⟨ ⟩, 전시명은 ≪ ≫, 단행본 및 정기간행물은 『 』,
   논문·기사·시·단편소설 등 개별 문헌은 「 」로 표기했다.
2. 본문 속 모든 작품 이미지는 윤석남 작가가 제공했다.
3. 윤석남 작가의 스튜디오 사진(183, 200~205쪽)은 김도균이
   촬영했다.

초대 편지

방문해야 할 도시의 목록은 쌓여 가는데 공항에 도착하고도 비행기에 타지 못하는 심정이랄까요. 트렁크 속이 텅텅 빈 것이 신경 쓰였고, 세상에 이렇게 많은 도시가 있다니, 저의 무지가 부끄러웠습니다. 하지만, 도시의 이름을 몰랐다는 이유로 여행을 떠나지 않는다면 또 얼마나 우스꽝스러운 일인지요. 연구자가 아니라 여행가라면, 혹은 여성 독립운동가의 삶을 상세히 복원하는 연구서가 아니라 그들을 만나러 가는 여행 에세이라면 가능하지 않을까. 다소 제멋대로이지만, 이런 식의 마음가짐이 아니었다면 첫발을 떼기 어려웠을지도 모르겠습니다.

제가 몰랐기에 그다지 연구가 안 되어 있겠거니 생각했지만, 한 달 동안 구입한 책만으로도 책장 한 칸이 찼습니다. 더 놀라운 일은 죽음보다 더한 고문을 당하고, 부모와 자식이 눈앞에서 죽어도 꺾이지 않은 그녀들의 삶을 몰랐다는 것이었죠. 그녀들이 몸으로 겪은 일을 문자로 읽기에도 버거워 책을 덮었을 때 저도 모르게 의외의 곳에서 여행이 시작되었습니다. 하남 스타필드의 영화관에서 출발한 여행은 춘천의 강원대학교중앙박물관, 덕수궁 석어당, 서대문형무소역사관, 경주의 서봉총과 문경새재, 도쿄의 긴자 거리, 서울의 아현동, 당진의 바닷가, 안산의 최용신기념관, 안국동을 거쳐 쌍문동에서 끝이 났습니다.

저는 소문난 '길치'여서 같은 문으로 들어가 같은 문으로 나와도 전혀 다른 풍경을 마주하는 일이 낯설지 않습니다. 혼자 길을 나설 때는 약속 시간보다 일찍 나가고, 남에게 피해를 주지 않는 한 길을 헤매도 이젠 스스로를 책망하지 않지요. 뻔뻔한 헤매기의 달인인 저조차도 이번 여행은 몇 배나 당황스러웠고, 종종 낭패감으로 우뚝 멈춰 서기도 했습니다. 100년 전 그녀들을 만나자고 떠난 여행이니 당연한 일인지요. 제가 그곳으로 가야 한다고 믿었지만, 제가 머문 이곳에서 더 자주 그녀들을 만났다는 것을 깨닫습니다. 일곱 통의 편지를 쓰면서 가장 놀랐던 일 중 하나입니다.

여성 독립운동가를 만날 수 있으리라 예상한 곳은 우선 무덤이었고, 혹은 기념관이나 유품이 전시된 박물관이었습니다. 그러나 의외로 덕성여자대학교 학생이 입은 '과잠(학과 잠바)'이거나 2년 전 『아사히신문』 기사이기도 했습니다. 어떤 장소뿐만 아니라 주변 사물에 깃든 그녀들의 영혼을 만났다고 말하면 애니미즘처럼 들릴런지요. 그녀들이 제 옆에 살아 있다고 느낀 건 이 책을 쓰면서 느낀 가장 큰 즐거움이자 놀라움이었습니다. 이 책에 등장하는 "나를 죽이는 건 나 자신이 살아 있다는 사실을 증명해 줄 따름"이라는 가네코 후미코의 말 그대로였으니까요. 그동안 제가 눈치채지 못했을 뿐, 자신의 신념을 버리지 않고 목숨을 바친 분들은 결국은 얼마나 많은 시간대를 살아 내고야 마는지요. 여행지 곳곳에서, 그분들과 손을 마주 잡듯 가까이 다가서거나 스쳐 지나가며 눈이 마주쳤기에 '편지'를 쓸 수 있었습니다. 2021년 봄부터 2023년 봄까지 일곱 통을 보냈습니다. 수신인은 열두 명입니다.

저에게 여행을 떠날 것을 권해 주신 분은 윤석남 선생님입니다. 덕분에 전혀 몰랐던, 어쩌면 끝까지 몰랐을 여성

독립운동가의 이름과 삶을 접하게 되었습니다. 처음 책을 제안해 주시면서 글과 그림은 따로, 자유롭게, 독립적으로 하자고 말씀해 주셨지요. 윤석남 선생님과 저는 서로 각자의 여행을 떠났고, 길이 다르니 여행지에서 만난 적이 없습니다. 다만, 윤석남 선생님께서 다다른 여행지에서 어떤 일이 일어났을지, 그 장면은 상상해 볼 수 있을 것 같습니다. 그녀들과 '만났다'는 점에서는 같을 테니까요.

비현실적이라 여겨질지 모르겠지만, 저는 이 세상에 국가가 없어지고 여권도 없어지면, 좀 더 이상적인 사회가 오리라 생각하는 사람 중 하나입니다. 제가 여성 독립운동가의 삶에 마음이 흔들린 이유는 나라를 지키겠다는 사명감보다는 약자를 향한 다정함과 친절함, 공감과 상상력 때문입니다. 자신의 목숨을 내놓아서라도 불의에 저항하는 신념과 정의로움이지요. 그래서 그녀들이 지금을 살았다면 국내 문제뿐만 아니라 우크라이나 전쟁이나 가자 지구의 상황, 혹은 난민 문제에도 침묵하지 않았으리라고, 저는 믿습니다.

원래 이 책에 더 쓰려던 여성 독립운동가의 이름을 '쓰지 못한 글'이라는 노란 폴더 속에 넣으면서 이 편지를 독자분들께 보냅니다. 저를 대신해서 폴더 속에서 이름

을 꺼내 그녀들을 만나는 여행을 떠나 주시기를. 그리
고 윤석남 선생님께서 완성할 예정인 〈여성 독립운동가
100인〉에서 지금도 우리 주변에 살아 있는 그녀들을
찾아내 주시기를. 헤매는 동안 수많은 연구자와 연구서
의 도움을 받았습니다. 감사 편지를 대신해 참고 문헌
을 남겼습니다.

═══════════

═══════════

〈윤희순 초상〉, 한지 위에 채색, 210×94cm, 2020

≡≡≡≡≡≡≡≡≡

✉ 1

의병장 윤희순이
『해평윤씨가정록』에 쓰지
않은 문장

✣

『자산어보』의 바다와
춘천의 강원대학교중앙박물관

책을 덮고 영화 〈자산어보〉를 보러 카페를 나설 때만 해도 식민지 조선에서 벗어나 19세기 초로 떠날 생각이었습니다. 섬에 유배된 정약전이 주인공이라는 걸 알고 있었지만, 영화 포스터 속 탁 트인 바다를 보자 탈출지로 적절해 보였지요. 삼십 분 뒤에 도착한 하남 스타필드는 운전석에서 본 4월의 화창한 거리보다 더 반짝이는 듯했습니다. 애견 동반이 가능한 쇼핑몰답게 대리석 바닥 위를 거니는 개조차 자유로워 보여서 저의 계획은 일단 성공한 듯 보였지요.

하지만 영화관 불이 꺼지자 저는 또다시 당신의 아들 돈상이 갇혔던 1935년의 푸순 감옥으로 끌려갔습니다.

영화가 시작되기 전, 하필이면 스크린 위로 비만 클리닉의 광고가 흘러나왔죠. 안전한 지방 흡입술이라지만 배를 날카로운 꼬챙이로 쑤시는 듯한 의료진의 손놀림에서 당신의 아들에게 행해졌을 고문이 떠올랐습니다. 악랄하기로 소문난 푸순 감옥에 아들이 한 달이나 갇혀 있는 동안 당신은 어떤 마음으로 버텼을런지요. 짐작할 새도 없이 스크린 가득 새벽 배송 서비스로 유명해진 회사의 보라색 상자가 쏟아져 나오더군요. 상자 속 싱싱한 야채와 고기를 보면서도 제 혀는 당신이 목숨을 잇기 위해 입에 넣었던 풀뿌리와 나무껍질의 맛을 상상했습니다. 카페에서 책장을 넘기며 당신이 무장 투쟁을 벌이던 춘천과 만주를 다녀온 저는 2021년 4월과 어딘지 불화하고 있었습니다.

영화가 시작되고 나서도 식민지 조선과 19세기를 오고 갈 뿐 저는 한곳에 정착하지 못했습니다. 스크린 속 세상에서는 신유박해(1801)가 일어났고, 얼마든지 살 기회가 있는데도 정약전의 아우인 정약종은 순교를 택했습니다. 자신의 신념을 지키기 위해 죽어 가는 모습을 또다시 지켜보고 있자니 어느 시대나 당신 같은 이는 존재했다는 당연한 진실이 떠올랐지요. 19세기 조선에서 부정부패를 일삼던 탐관오리의 얼굴이 일본 앞잡이로 보일 지경이었으니 영화관에서 잠시나마 당신을 잊으려던 계획은 결국 성공하지 못한 셈입니다. 임진왜란이 일어나자 일본은 서구에서 받아들인 조총을 사용했는데 우리는 외울 줄밖에 모르는 공부(성리학)에 빠져 있다고 정약전이 분노할 때도 마찬가지였습니다. 일본의 식민지로 전락하게 될 조선의 미래를 보고 말았죠.

임금 없는 평등한 세상과 신문물에 매료되었던 정약전조차 겨우 한 세기가 지나 사대부 집안 여인이 탄약을 제조하게 될 줄은 짐작하기 어려웠을 겁니다. 당신은 1907년 조선의 군대가 강제로 해산되자 고흥 유씨 집안의 부인과 인근 동네 여성의 도움을 받아 놋쇠와 구리를 구입합니다. 의병에게 공급할 탄약 제조소를 운영한 일도 놀라웠지만, 당신의 행동력이라면 1895년의 일부터 이야기해야겠네요. 명성황후가 시해되자 시아버지 유홍석을 따라 의병이 되겠다고 했을 때 당신 나이 서른여섯, 갓 돌이 지난 아기를 둔 엄마였죠. 그런데도 시아버지와 함께 집을 나서려고 했으니 그 뒤로 40년간 항일운동을 이어 나가리라는 예상은 당연한 일일지요.

시아버지의 만류로 바로 뜻을 이루지는 못했지만, 그 후 당신의 삶은 의병과 다르지 않았습니다. 의병 부대가 마을로 들어오자 집 안의 쌀뿐만 아니라 춘천 숯장수의 장사밑천이었던 곡식으로도 밥을 지어 주었죠. 나중에 사실을 안 숯장수들이 행패를 부렸지만, 오히려 당신은 부인들의 협력을 이끌어 내 문제를 함께 해결했습니다.

턱골댁 진천 송씨, 정문댁 전주 이씨, 소리댁 연일 정씨, 약암댁 영양 천씨 등 이름 대신 지역이나 성씨로 불렸던 여성들이 당신과 의병 항쟁을 벌인 주인공들입니다.

사대부 집안의 여자라면 담장 바깥으로 나가는 것도 꺼려졌던 시대입니다. 그럼에도 불구하고 의병 활동을 돕기 위해 어린 아기를 떼어 놓고 남장을 하고 며칠 동안 집을 비웠던 당신이 있습니다. 집 안에서도 우물가에서도 자신이 만든 의병 노래를 아낙네들에게 가르치자 실성했다는 말까지 돌았다죠.(田1-1 *p.170*) 그에 대한 당신의 답은 "아무리 여자인들 나라 사랑 모를쏘냐 아무리 남녀가 유별한들 나라 없이 소용 있나"라는 〈안사람 의병 노래〉 가사 속에 명확하게 드러나 있으니 따로 설명을 덧붙일 필요가 없을 듯합니다.

"우리 의병 도와 주세. 우리나라 성공하면 우리나라 만세로다" 그리하여 "우리 안사람 만세 만만세로다"로 끝나는 가사는 대한민국 독립 이전에 '여성 독립선언서'로도 보입니다.(田1-2 *p.170*) 왜놈들이 들으면 죽을 노래를 밤낮없이 한다고 집안 어른은 걱정했다지만, 「왜놈 대장 보거라」라는 경고장에 "너희 놈들 우리나라 욕심 나면 그냥 와서 구경이나 하고 가지", "우리의 민비를 살해하고도 너희 놈들이 살아 가기를 바랄쏘냐……. 조선 안사람 윤희순"이라고 자신의 이름을 써넣은 배포를 이

길 수는 없었겠지요.(田1-3 *p.170*)

영화 중반이 되자 정약전은 물고기 사전 『자산어보』를 쓰기 위해 탁 트인 바다로 나갔습니다. 신기하고 괴상한 물고기 모양에 빠져 저도 잠시 당신을 잊었습니다. 미술사를 공부했기 때문만은 아니겠지만, 저 역시 정약전의 『자산어보』에 물고기 그림이 들어가지 않은 걸 아쉬워하는 사람 중 하나입니다. 정약전은 원래 책에 그림을 넣어 설명하고, 그에 어울리는 '해족도설海族圖說'이라는 제목을 붙이려 했다더군요. 하지만 그림을 넣지 말라는 정약용의 충고는 한국 최초의 물고기 도감을 탄생하지 못하게 만들었습니다. 아무래도 그림보다 글이 우위에 있다고 생각하는 시대적 한계를 뛰어넘지 못한 까닭이겠지요. 진보적인 정약용과 정약전에게도 사회를 지배하는 상식을 뛰어넘는 일은 쉽지 않았던가 봅니다. 그렇다면 유교적 가치관에 종속된 사람에게 당신이 조직한 '안사람 의병대'는 얼마나 큰 충격이었을까요. 집안을 잘 꾸려 나가는 것이 여성의 본분이라고 믿다가 총칼을 들게 된 30여 명의 여성들은 순간순간 스스로의 모습이 놀랍지 않았을까요.

상식을 무너트리는 당신들의 행동에도 불구하고 1910년 조선은 일제 치하의 세상이 됩니다. 시아버지가 이에 항거하며 스스로 목숨을 끊으려 하자 훗날을 도모하자고 독려하면서도 당신 역시 얼마나 참담한 심정이었을지요. 중국으로 가서 '고려구'에 정착해 불모의 땅을 개척한 것은 1911년 4월, 다음 해 노학당老學堂을 설립하고 교장이 되었을 때 당신 나이 53세. 조선의 안사람조차 의병으로 만들었던 당신이라면 만주에서 교육자가 되는 건 당연한 수순처럼 보이기도 합니다. 타국에서조차 조선인 500여 호가 사는 마을을 돌며 항일운동 모금을 이어 나갔지만, 당신 앞에는 버텨 내기 힘든 일만 기다리고 있습니다. 1913년에는 시아버지, 2년 후에는 남편이 세상을 떠나고, 김경도·박종수·이정헌 등 50여 명의 독립운동가를 키워 낸 노학당이 일제의 탄압으로 폐교됩니다.

그럼에도 불구하고 당신은 포기하지 않고 푸순으로 거주지를 옮깁니다. 〈안사람 의병 노래〉를 알려주며, 함께 항일운동을 하자는 당신의 호소에 감동한 중국인은 콩·옥수수·수수를 지원해 주었다죠. 푸순에서 항일투쟁을 하던 음성국·음성진 형제 등과 손을 잡고 180여 명을 모아 조선독립단을 출범시킨 건 1920년의 일입니다. 단장을 맡은 첫째 아들 유돈상을 시작으로, 둘째 아들 유교상·조카 유휘상·며느리 원주 한씨 등이 함께 활동했다니 '윤희순 가족 부대'라고 불릴 만하네요. 60세의 나이로 가장 열심히 사격 연습을 했다던, 긴 치마를 질끈 올려 묶고 1미터나 되는 화승총을 들고 선 당신을 상

〈윤희순 초상〉, 종이 위에 연필, 45×31cm, 2020

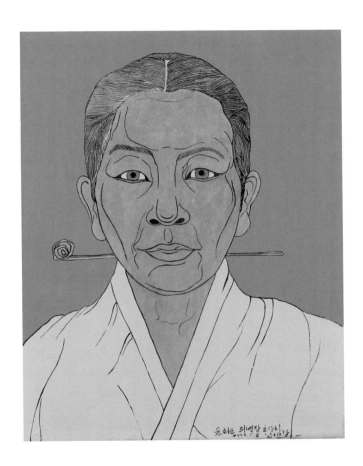

〈윤희순 초상〉, 한지 위에 분채, 48×33cm, 2020

상해 봅니다.

며칠 전에는 당신이 살았던 중국의 마을을 답사했던 김양 교수의 기사(『강원도민일보』, 2002·8·16)를 읽었습니다. 그는 "만나는 중국인마다 윤희순을 금방 기억해 내는 게 신기할 정도였다."고 놀라워하더군요. '노학당의 윤 교장'이 가르쳐 준 노래가 힘과 용기를 주었다며, 반일 선전을 하고 모금을 하던 당신의 모습을 여전히 떠올리는 중국인의 목소리가 기사에 담겨 있었습니다. 아울러 한국에 사는 많은 이가 당신의 이름을 잊었다는 사실도 솔직하게 고백할 수밖에 없겠네요.

만약 돈상이 열일곱 살일 때 일어났던 일을 안다면 누구든 당신의 이름을 잊지 못할 겁니다. 일본군이 집으로 와 시아버지가 의병 활동하는 곳을 대지 않으면 돈상을 죽이겠다고 했던 날입니다. 매를 맞는 자식을 보면서도, 자식을 죽이고 내가 죽을지언정 말할 수 없다고 말한 어머니가 존재했던 순간을 한 번이라도 듣는다면 말이죠. 당신의 뜻이 확고하다는 걸 눈치챈 일본군이 심문을 포기하는 장면을 읽으면서, 그래도 아주 악질은 아니었던 모양이라고 고마운 마음까지 들더군요. 그러다가 어린아이조차 쉽게 죽일 수 있는 시대를 매 순간 겪어 내야 했던 당신 삶의 무게를 새삼 떠올려 봅니다.

당신에게 시아버지인 유홍석이 사상적 스승이었다면,

돈상은 아들이지만 자신을 알아주는 동지이자 '지기知己'이지 않았을까요. 당신이 그 사실을 처음 알게 된 건, 일본군 앞에 자식의 목숨을 내놓아야 했던, 매를 맞으면서도 아무 말을 않는 돈상을 내심 장하게 생각했던 그날이었을지도 모릅니다. 돈상이 푸순 감옥에 갇힌 지 한 달, 아들을 찾아가라는 연락을 받고 감옥으로 향하는 길에서 당신은 돈상이 열일곱 살 때 겪은 일을 몇 번이나 떠올렸을지요. 애타는 마음으로 찾아갔지만 숨만 겨우 붙어 있다가 마흔둘로 생을 마감하는 아들을 만나야만 했습니다. 모진 고문을 당해 성치 않은 돈상의 몸을 중국의 용봉산에 묻고, 버들 유柳 자 하나 새긴 돌멩이를 놓고 돌아서야 했던 순간은 차마 상상하기도 힘듭니다.

정약용은 자신을 알아주는 유일한 '지기'인 정약전이 죽자 "나를 알아주는 이가 없다면 차라리 진작에 죽는 것만 못하다."라고 말하며 며칠 동안 음식을 입에 대지 않았다고 합니다. 그런 정약용도 당신 앞에서는 할 말을 잃지 않았을런지요. 만약 그들의 급진적인 실학사상이 조금이라도 일찍 조선을 바꿨다면, 40년 동안 독립운동을 이어온 당신이 76세의 나이에 조국의 해방 대신 아들의 죽음을 봐야 하는 비극을 피할 수 있었을까요. 아들을 묻고 돌아와 아무것도 먹지 않은 당신이 11일이 지나 삶을 마감해야 했던 세상이 사라졌을지요.

저는 집으로 돌아와 카페에서 읽다 만 책을 펼쳤습니다. 당신이 아들을 보내고 나서 쓴 『해평윤씨가정록』의 마지막 부분이었습니다. 당신은 자손에게 당부의 말을 남깁니다.(田1-4 *p.171*)

앞사람이 이야기할 때 그 사람의 말이 끝날 때에 하느니라. 아랫사람이 인사한다고 앉아서 가만히 안 받는 니라. 천민이라도 내 집을 찾아오면 반가이 맞아 주고 반가이 보내 주느니라. 남의 말을 입에 담지 말며, 나의 위치를 생각하고 남의 말을 해야 하느니라.(田1-5, 1-6 *p.171*)

저는 이 부분을 반복해서 읽었습니다. 아들과 자신의 목숨을 걸고서 평생 항일운동을 해낸 이유가 여기에 있었군요. 당신에게 항일운동은 국가와 국가 간의 정치적 문제 이전에 사람과 사람 간에 지켜야 할 예의의 문제였습니다. 유언처럼 남긴 당부가 아랫사람과 천민에게도 친절하게 대하라는 말이었다면, 그런 당신에게 일본인이 조선인을 대하는 무례한 행동은 그대로 넘길 수 없는 일이었겠지요. "우리나라 욕심나면 구경이나 하고 갈 것이지"라는 왜놈 대장에게 보낸 경고장에서도 친절함이 느껴지는 건 저뿐일까요.

머칠이 지나, 당신이 쓴 『해평윤씨가정록』을 보고 싶어
차를 몰고 춘천의 강원대학교로 향했습니다. '윤희순'이
라고 하면 화가이자 『조선 미술사 연구』를 쓴 이만 떠
올리고, 당신을 알지 못했던 4월을 지나 이제 6월이 되
었습니다. 교문을 들어선 지 얼마 안 되어 '마운틴'이라
는 카페 테라스에서 커피를 마시는 학생들이 보이더군
요. 만주 벌판과는 상반되는 단어였는데도 학생들의 얼
굴을 보자 1912년 당신이 세운 노학당이 떠올랐습니다.
언덕을 오르니 오래된 박물관 건물이 보였고, 저는 『해
평윤씨가정록』이 소장된 2층으로 곧장 올라갔습니다.

　'의병 자료실'에 진열된 당신의 『해평윤씨가정록』은
누렇다 못해 갈색으로 바래 있더군요. 맞은편에 놓인 춘
천 의병장 이소응의 편지는 『해평윤씨가정록』보다 42
년 전에 쓴 것이지만, 보존 상태가 훨씬 좋아 보였습니
다. 조선 선비의 정갈한 한문 사이에서 당신이 쓴 한글
은 크기가 들쭉날쭉했고, 중간중간 잘못된 글자를 지운
흔적이 남아 있었죠. 아마도 조선의 선비에 비해 글을
써 볼 기회를 많이 갖지 못한 탓이겠지요. 당신의 말처럼
나라 사랑에 남녀 구별이 있겠냐만은 좌우로 위태롭게
흔들리는 글자가 항일운동을 했던, 식민지 여성의 삶처
럼 보여 눈길이 오래 머물렀습니다.

　『해평윤씨가정록』을 보기 위해 춘천으로 간 것은 당
신이 쓰지 않은 문장 때문입니다. 아들 돈상이 죽고 나

서 생을 마감한 1935년에 쓴 『해평윤씨가정록』의 실물을 보고 나니 당신이 쓰지 않은 문장이 더욱 마음에 걸렸습니다. 『해평윤씨가정록』에는 시아버지가 의병으로 나서던 밤과 동네로 들어온 의병을 도와준 이야기, 일본군이 불을 질러 집과 사당이 타 버리고, 불길 속에서 아이를 구해 나온 일 등 힘들고도 모질었던 일들이 이어집니다. 그러다가 돈상의 죽음이 나와야 할 순간 당신은 돌연 글쓰기를 마무리지으려 합니다. "나머지 기록은 몇 년 후에 하도록 하고, 만약에 내가 죽으면 다시 이어서 써 놓거라."라는 당부와 함께. 그리하여 당신은 아들 돈상이 죽지 않은 세상에서 생을 마감하려 합니다.

한 시간 정도 전시실을 둘러본 뒤에 집으로 향했습니다. 운전을 한 지 40분 정도가 지나, 미사 터널로 들어갔습니다. 어둠 속에서 언뜻 당신이 용봉산에 아들을 묻고 돌아서는 뒷모습이 보였습니다. 당신의 몸은 이미 돈상과 함께 세상을 떠난 듯 치마와 저고리가 힘없이 펄럭였습니다. 천 번을 넘어지면 만 번을 일어나겠다고, 힘을 뭉치면 못할 일이 없다고 했던 당신이 아들의 죽음 앞에서 다시 일어나기를 거부했다 해도, 40년간 이어 온 항일운동 끝에 본 것이 절망만이 아니었기를. 터널을 벗어나 환해지기 직전 다시 한 번 빌었습니다.

(2021년 봄)

〈김향화 초상〉, 한지 위에 채색, 210×94cm, 2020

✉ 2

기생 김향화와 한없이 서늘한
수원경찰서 앞 풍경

✛

덕수궁 석어당의 살구나무

올해는 덕수궁에서 봄 산책을 즐기는 호사를 여러 번 누렸습니다. 미술관 도록 제작을 맡으면서 철쭉과 명자꽃이 핀 정원을 만끽하거나 돌담길을 걷기도 했죠. 도록의 제목은 『상상의 정원』. 예술가들은 덕수궁 곳곳에 남은 근대의 흔적을 찾고 자신의 상상을 더해 가상의 정원을 만들 계획이었습니다. 작품이 놓일 장소를 확인하면서 100년 전 사람들과 함께 덕수궁을 걷는 재미가 여간 좋지 않았습니다. 저와 자주 동행했던 이들은 양산을 쓰고 뾰족구두를 신은 신여성입니다. 작가 윤석남이 신여성을 폐목으로 만들어 세울 석조전 정원을 함께 바라보기도 했죠. 집 안에만 갇혀 있다가 '산책자'로 등장한 여성이 꿈꾸던 새로운 시대의 열기를 떠올리니 제 발걸음도 경쾌해졌습니다.

덕수궁이 일반에 공개된 건 1933년이니까, 좀 더 정확하게 말하면 지금으로부터 약 90년 전의 일이네요. 고종이 조회를 열던 즉조당과 외국 사신을 접견하던 준명당 앞에 모란 화단까지 조성되었으니 얼마나 많은 이들이 몰려들었을지요. 500년 가까이 금단의 공간이었던 덕수궁을 들어서며 사람들은 조마조마하면서 흥분도 되었겠지요. 그동안 금기였던 '자유연애'가 탄생한 시대에 덕수궁은 가장 근사한 데이트 공간이 아니었을까요. 화려하게 피어난 모란을 보러 온 과거의 관람객을 상상하느라 대한문 앞 공사는 유심히 보지도 않았습니다. 가설 울타리가 길게 쳐진 탓에 좁은 길로 드나들어야 했는데도 말이죠.

'월대'를 복원하는 공사라는 걸 안 건 봄꽃이 질 무렵이었습니다. 원래 중요한 건축물 앞에는 넓은 기단을 설치하기 마련인데 식민지 시대에 없앤 것이었죠. 1919년 1월 고종이 승하하자 당신이 대한문 앞에서 망곡했다는 사실을 안 것도 그즈음이었지요. 당신의 이마와 손이 닿았던 곳을 가늠하면서 근처를 서성인 건 더 나중의 일입니다. 지금의 대한문은 원래 위치에서 33미터나 뒤로 물러난 상태이고, 수백 명의 사람이 모여들었다고 하니 정확한 자리를 알 길은 없습니다. 그럼에도 불구하고 책을 읽다가 대한문 앞에서 엎드려 흐느끼는 인파 사진을 보면 당신을 찾는 일을 멈출 수 없었습니다.

제가 다시 덕수궁을 찾은 건 당신에게 편지를 쓰기 시작한 7월이었습니다. 대한문으로 들어서자 화려한 봄꽃은 사라지고 어느덧 원추리와 능소화가 피어난 여름의 정원이었어요. 빽빽한 잎사귀 사이에서 피어난 주홍빛이 눈길을 끌었지만, 그날 덕수궁에서 보려던 건 꽃이 아니었습니다. 동행한 사람도 신여성이 아닌, 한문으로 '행화 杏花(살구꽃)'라 쓰고 '향화'로 불렸던 수원예기조합 소속 기생인 당신이었죠. 저와 함께 발걸음을 옮기는 당신은 비단옷 대신 소복을 입고 나무 비녀를 꽂은 모습입니다. 1919년 1월 27일, 기차를 타고 서울로 올라와 대한문 앞에서 엎드려 울던 날의 차림이군요. 당신 옆에 선 20여 명의 수원 기생 역시 소복을 갖춰 입고 함께 걸음을 옮겼습니다.

나흘 전인 23일에는 경성 기생 500여 명이 대한문 앞에서 오랫동안 통곡했다고 하니, 만약 같은 날 마주쳤다면 멀리서도 서로를 알아봤겠지요. 이미 고종의 환후가 깊다는 소식에 요리점에 불려가도 가무를 하지 않았던 당신들입니다. 고종이 독살당했다는 소문을 듣고 대한문 앞에 선 겨울날, 당신은 사라져가는 조선을 바라보는 심정이지 않았을까요. 기생은 천민이기는 하나 궁중

연회나 지방관아의 일을 담당해 온 궁인이기도 했으니 울음소리로 들끓는 대한문의 풍경이 오히려 적막했을 런지요. 1908년 「기생 및 창기 단속령」으로 일제는 관기를 없앴지만, 궁중의 후예라는 자부심까지 단속할 수 있었을까요.

당신의 얼굴을 본 것은 『조선 미인 보감』에 실린 사진 덕분입니다.(田2-1 *p.172*) 1918년 발간된 이 책에는 611명이나 되는 기생의 나이, 특기, 용모, 심성을 소개하는 글이 실려 있더군요. 덕분에 당신이 검무, 승무, 정재춤(궁중무용), 가사, 시조, 경성 잡가, 서관 소리, 양금 치기에 뛰어나다는 것도 알게 되었죠. "갸름한 듯 얼굴에 주근깨가 운치 있고, 탁성인 듯 그 목청은 애원성(슬프게 원망하는 소리)이 구슬프다"고 적혀 있으나 녹음이 남지 않은 이상 정확한 목소리는 알 길이 없습니다. 사진으로 잘 보이지 않는 주근깨 역시 상상하기 어렵긴 마찬가지입니다. 스웨덴 소설의 주인공 삐삐가 말괄량이로 유명한 탓에 주근깨와 '운치'는 거리가 먼 이미지이거든요. 글 쓴 이가 '운치' 운운했던 건 당신의 우아한 자태나 고상한 맵시 때문일 거라고 추측할 따름입니다.

　당신을 소개하는 짧은 글은 "중등 키, 성질 순화, 귀엽더라."로 끝납니다. 아무리 상상해 본들 목소리나 주근깨 모두 명확할 리 없겠지만, 1919년 3월 29일, 오전

〈김향화 초상〉, 종이 위에 연필, 45×31cm, 2020

〈김향화 초상〉, 한지 위에 분채, 48×33cm, 2020

11시 30분에 당신이 어떤 행동을 할지 글 쓴 이가 전혀 예상하지 못했다는 점은 확실하지 않을까요. 성격이 순하고 귀여워만 보이던 당신이 30여 명의 수원 기생과 자혜의원으로 향하다가 태극기를 흔들며 시위를 주도하리라는 것을요. 두 달 전 대한문 앞에서 함께 망곡한 당신들은 성병 검사를 받으러 가는 길이었다죠. 그렇지 않아도 3월 1일부터 전국에서 시작된 만세 시위로 신경이 바짝 곤두 서 있던 수원경찰서 앞입니다. 봄이 찾아와 따뜻한 햇볕이 내리쬐기 시작했을, 그날의 수원경찰서를 떠올리면 저는 이상하게도 일본 경찰 아무개의 눈에 비친 풍경이 제일 먼저 궁금해집니다.

기생들이 갑자기 만세를 불렀을 때, 그날 수원경찰서를 지켰던 경찰이라면 누구라도 신변의 위협을 느꼈을 테니까요. 기생의 나이는 열여섯부터 많아야 스물넷, 그들 손에 든 것이 아무도 해칠 수 없는 태극기였어도 말이죠. 아무개가 유독 겁이 많아서가 아닙니다. 3월 29일은 비폭력 시위 중인 조선인을 향해 총을 쏜, 수원경찰서 소속의 사법계 주임 노구치 고조野口廣三가 사망한 바로 다음 날이었으니까요. 노구치 역시 무장한 상태였지만, 분노한 시위대를 피해 자전거를 타고 도망가다가 결국 돌에 맞아 죽었습니다.

훗날 일본인이 쓴 소설에서 "종이처럼 납작하게", "눈코를 알아볼 수 없게 되어" 죽었다는 노구치의 이야기가 등장하는 걸 보면 그날의 공포가 일본인 사이에서 얼마나 널리 퍼졌는지 짐작할 수 있습니다.* 타인의 두려움에는 공감하기는 어렵겠지만, 자신이 죽을지도 모른다는 가능성은 미약하더라도 더없이 강력한 것일 테니까요. 1919년 3월 29일 수원경찰서 앞에 선 경찰은 두려움이 일 때마다 노구치는 어이없이 죽은 것이라고 마음을 다독였을지 모르겠네요. 왜 하필이면 노구치가 죽은 다음 날, 수원 기생이 자신들에게 가장 불리한 경찰서를 시위 장소로 선택했는지 이 또한 어이없어 보였다면 그건 명백한 오해입니다.

그녀들은 수원경찰서가 아닌 자혜의원을, 노구치가 죽은 다음 날이 아니라 성병 검사 날을 골랐던 것이니까요. 그녀들의 마음을 헤아리려면 우선 자혜의원이 화성행궁 봉수당에 설립되었다는 점을 주목할 필요가 있습니다. 봉수당은 효성이 지극했던 정조가 혜경궁의 회갑연을 열었던 유서 깊은 곳이기 때문이죠. 무엇보다도 자신이 궁인이라는 의식이 여전히 남아 있는 기생에게 봉수당에서 성병 검사를 받는 것은 얼마나 불경한 일이었을지요. 예인으로서 자부심이 강했던 기생을 '창기'로 취급하는 검사가 얼마나 수치스러웠을까요. 피지배자의 마음 따위는 무시해서 벌어진, 아주 인과관계가 명확한 사건입니다.

꽃처럼 무해하고 순종적이라고 믿었던 기생이 만세를 불렀을 때, 일본 경찰은 자신을 둘러싼 사방의 벽이 일순 무너져 내리는 듯한 광경을 목도하지 않았을까요. 경찰이 기생들을 서둘러 병원 쪽으로 몰아냈듯 병원 직원 역시 놀라서 그녀들을 쫓아낸 건 고요한 봄날이 한순간 서늘한 풍경으로 바뀌었기 때문이겠지요. 시위를 주도했다는 이유로 그날 유일하게 체포된 김향화의 이름은 1919년 6월 20일 자 『매일신보』에 「소요 기생 공판」이라는 제목 아래 실립니다.(田2-2 *p.172*) 기생이 재판을 받자 방청석이 가득 찬 것 역시 자신이 믿었던 벽이 무너지는 놀라움 때문이었겠죠. '소요'라는 단어는 기생과는 가장 거리가 먼, 낯선 수식어였으니까요.

　4년 전인 1915년에도 같은 신문에 당신의 이름이 등장한 적이 있더군요. 그날 당신은 광교조합이 연 행사에서 두 번째 무대에 올라 연화대무를 선보일 예정이었지요. 고려시대부터 전해 오던 연화대무는 나라에 잔치가 있을 때 추던 춤으로, 고종의 탄신 50주년 진연에서도 공연되었다고요. 그날의 출연진을 보니 당신의 이름 주위에도 도화桃花, 홍매紅梅…… 꽃 이름을 지닌 기생들이 둘러싸고 있네요. 분위기를 맞춘 듯 「금일의 연예관演藝館」이라는 기사에는 활짝 핀 꽃이 장식되어 있었습니다.(田2-3 *p.172*) 4년 뒤 『매일신보』에 실린, '소요 기생'

이 된 당신의 이름 위에는 꽃이 사라진 검은 원이 자리를
대신하고 있습니다.

화려한 봄꽃이 진 7월의 정원을 거닐며 '해어화解語花(말
을 알아듣는 꽃)'라고도 불린 기생의 존재를 생각해 봅니
다. 당신의 이름은 살구꽃이라는 뜻이고, 동료였던 수
원 기생의 이름을 보니 연화蓮花, 연옥蓮玉, 연향蓮香, 연
심蓮心, 네 명이나 되는 연꽃이 있더군요. 당시에 발간
된 기생 엽서에서 종종 꽃을 들고 수줍게 웃는 당신들
은 수동적이고 온화해 보이기만 합니다. 어떤 일에도 화
를 내지 않을 듯한, 환상을 주며 남성을 유혹하는 역할
을 맡아야 했죠. 하지만 한복을 입고 쪽 진 머리로 거리
를 거닐던 당신들 역시 단발머리를 하고 짧은 치마를 입
은 여성과 마주치기도 했겠지요. 여권신장과 자유연애를
꿈꾸던 신여성을 보면 어떤 심정이었을런지요.
　기생과 창기의 구분이 사라져 가면서 당신들은 조선
사회에서 '탄식할 사회악'이 되거나 '돈만 좇는' 타락한
존재로 여겨지기도 합니다. 하지만 누군가는 1907년 국
채보상운동에 적극적으로 참여한 사회운동가였고, 스
파이 역할을 자처한 독립투사이기도 했습니다. 능통한
일본어로 정황을 파악하거나 조선 청년에게 독립사상을
불어넣기도 했다죠. "(경성의) 약 800여 명의 기생은 화
류계 여자라기보다 독립투사"라고 새롭게 정의 내린 사

람은 다름 아닌, 3·1 운동 당시 치안 책임자였던 지바 료 千葉了입니다.** 일본인이 기생집에 놀러 가면 냉랭하기가 얼음 같고, 노래와 춤을 청해도 받아 주지 않으니 유령들이 저승에서 술을 마시는 기분이라고 기록하기도 했지요. 그가 더 나아가 이러한 불온한 소굴이 남아 있는 한 조선 사회의 치안 유지는 이루어지지 않을 것이라고 판단 지을 때, 당신들은 또 새로운 벽에 갇힙니다.

'타락한 존재'이거나 '불온한 소굴'로 이중의 차별을 받았을 당신들이 외치는 "대한 독립 만세"를 상상하며 걷는 덕수궁은 고요합니다. 전시가 없는 탓에 등나무 벤치 아래 양산을 쓴 남녀가 앉아 있을 뿐, 물개 조각만이 물을 뿜느라 분주합니다. 미술관 앞에는 일주일 뒤에 열릴 전시 《DNA: 한국미술 어제와 오늘》을 알리는 커다란 플래카드가 걸려 있었지요. 우연이라는 걸 알면서도 저는 잠시 걸음을 멈췄습니다. 당신의 손에서 펄럭였던 태극기처럼 빨강, 파랑의 동심원이 플래카드 속에서 퍼져 나가는 모습을 바라보다가 석어당으로 향했습니다.

당연한 일이지만, 여름의 살구나무에 꽃은 하나도 남아 있지 않았습니다. 2층짜리 목조 건물의 키를 훌쩍 넘을 정도로 큰 살구나무를 보려면 고개를 바짝 들어야만 했습니다. 안내판에는 봄날 석어당의 모습이 담겨 있어 사진으로라도 만개한 살구꽃을 볼 수 있었지요. 덕수궁에서 가장 오래된 살구나무 앞에 서니 가장 먼저 눈에 들어오는 건 줄기의 껍질입니다. 거대하게 성장하기 위해 껍질은 수십 마리의 뱀이 나무를 타고 올라가듯 뒤틀리거나, 군데군데 떨어져 나갔더군요. 오랜 시간을 견딘 나무의 피부를 보자 당신이 주모자로 체포되어 2개월간 고문을 받고 서대문형무소에 구금되었다는 마지막 이력이 떠올랐습니다.

꽃은 이미 져 버린 7월이지만, 살구나무를 보러 덕수궁을 찾은 이유는 1919년 이후 당신의 기록이 남아 있지 않은 탓입니다. 당신에게 편지를 쓰겠다고 마음먹었지만, 무덤이 어디에 있는지 사망 연도는 언제인지 알 수 없었지요. 후손도 알 길이 없어 표창장과 메달이 수원시박물관에 보관되어 있는, 김향화를 처음 알게 된 2021년. 내년에도 살구꽃을 피워 낼 나무 앞에서 다시 살아 돌아올 당신의 이야기를 시작하는 이유입니다.

(2021년 여름)

========

　*　　"어제 노구치 아저씨도 권총을 쏘지 않았으면 그런 일을 당하지
　　　　않아도 됐을 텐데." 어딘가 시골 쪽에 진압하러 가서, 상대편이
　　　　아무 짓도 하지 않았는데, 공포에 사로잡힌 나머지 권총을
　　　　쏘았기 때문에, 던진 돌에 맞았다고 했다. 많은 사람의 돌에
　　　　맞아, 종이처럼 납작해져서 죽었다고 했다. 어머니는 문상을
　　　　가서, 눈도 코도 알 수 없이 된 순사부장의 모습을 보고, 너무
　　　　무서워서 목소리도 나오지 않았다고 했다.
　　　　—유아사 가쓰에, 「간난이」, 세리카와 데쓰요 엮고 옮김,
　　　　『일본 작가들 눈에 비친 3·1 독립운동』, 지식산업사, 2020,
　　　　170~171쪽 재인용.

　**　千葉了, 『朝鮮獨立運動秘話』, 東京: 帝國地方行政學會, 1925.
　　　　소현숙, 「김향화: 수원 기생 김향화와 3·1 운동에 나선 기생들」,
　　　　『3·1 운동에 앞장선 여성들』, 역사공간, 2019, 210~212쪽
　　　　참조.

========

〈권애라 초상〉, 한지 위에 채색, 210×94cm, 2023

※가운데 붉은 색 옷을 입은 인물이 권애라

✉ 3

8호 감방과 박연폭포,
그리고
김향화·권애라·심명철·어윤희·
신관빈·임명애·유관순에게

✝

서대문형무소역사관 여옥사

〈어윤희 초상〉, 한지 위에 채색, 210×94cm, 2022

〈유관순 초상〉, 한지 위에 채색, 210×94cm, 2021

※뒷줄 오른쪽에 선 인물이 유관순

〈신관빈 초상〉, 한지 위에 채색, 210×94cm, 2024

※독립선언서를 배포하고 있는 인물이 신관빈

〈임명애 초상〉, 한지 위에 채색, 210×94cm, 2024

※중앙에 선 인물이 임명애

서대문형무소역사관 전시실에 들어가기도 전에 마음이 불편해진 건, 의외로 벽돌 건물 때문이었습니다. 무자비한 7월의 햇볕을 참고서도 오랫동안 올려다보게 만드는 근사한 조형물이었죠. 파란 하늘과 대비되는 주홍색 건물은 손으로 찍어낸 벽돌이 이루어 내는 멋을 잘 알고 있었습니다. 박공 부분에 세 개의 구멍을 뚫어 하늘이 보이게끔 개방감을 고려한 디자인까지 더해져 더욱 매력을 발했죠. 긴 담장, 높은 망루, 수감자를 효과적으로 감시하는 원형 감옥은 용도를 모른다면 다정한 마을을 품은 성인 줄 착각할 뻔했습니다. 1908년부터 80년 가까이 독립운동가와 민주화운동가에게 가혹한 범죄를 저지른 장소가 아름답다는 사실이 끈적한 더위처럼 몸에 달라붙은 채로 입장했습니다.

당연한 일이겠지만, 전시실 어느 한 곳 편하게 머물 공간은 없었습니다. 죄수의 머리에 뒤집어씌우던 용수는 짚으로 촘촘히 짜냈고, 족쇄조차 손으로 두들겨 만든 흔적이 보였죠. 인간이 인간에게 고통을 주고자 고안한 물건에서 시간과 정성을 들인 손길을 느끼자니 마음이 복잡해졌습니다. 5천여 장의 「독립운동가 수형 기록표」가 벽을 가득 메운 방으로 들어가자 괴로움은 배가 되었습니다. 대부분 무표정했지만, 시간이 지날수록 투명한 물속을 들여다볼 때처럼 그 속에서 일렁이는 감정이 잡힐 듯했지요. 평온하거나 심지어 미소 짓는 듯한 표정을 마주할 때는 더욱 시선을 돌리고 싶어졌습니다. 그 뒤에 감춰진, 지금은 어떻게 해 줄 수 없는 생생한 고통이 전해질 것 같아서였을까요.

눈을 마주치고 나자 무언가 그들에 대해 좀 더 알게 된 기분이 되었고, 고문실이 전시된 지하로 내려가기가 더 힘들어졌습니다. "고통스러워 하는 동지의 비명을 들리도록 하여 심리적 압박을 가하는 임시 구금실"을 포함해 취조실, 고문 육성 증언, 고문 체험, 지하 독방을 지나치며 저는 '손톱 찌르기 고문'을 알게 된 초등학교 수업 시간을 떠올렸습니다. 살 중에서도 가장 연약하고 보드라운 부분이 어디인지 속속들이 알면서도 공격하는 마음은 어떤 것일까요. 나와 같은 종인 인간에게 실망하고 좌절하는 수많은 순간이 있겠지만, 그중 하나가 '고문'의 존재를 처음 안 때가 아닐까요. 어린 시절 최초로 겪는 '인간 불신' 또는 '트라우마'였다고 하면 과장일까요.

이런저런 생각에 빠져 있는데 초등학생 아이 둘이 거꾸로 매달려 물고문을 당하는 밀랍 인형 앞에 서 있더군요. 영원히 고통을 당하는 인형을 지나치자 이름부터 공포심을 조장하는 '벽관'이 서 있었습니다. '벽에 세운 관'이라는 뜻인데, 그 안에 들어간 수감자가 몸을 전혀 움직일 수 없게 만든 장롱 비슷한 형태였습니다. 그 앞에서 한 어머니가 "이 안에 있으면 어떤 기분이었을 것 같아?"라고 아들에게 질문하더군요. 저는 '손톱 찌르기 고문'을 들었던 때와 비슷한 나이의 아이들을 보면서 어쩔 수 없이 조심스러운 기분이 되었지만, 아이는 피하지 않고 벽관으로 다가갔습니다. 구멍 안을 유심히 바라보는 모습을 지나고 나자, 제 앞에는 날카로운 못을 박은 상자가 놓여 있었습니다. 안내문을 읽어 보니, 사람을 안에 넣고 흔들어 상처를 입히는 도구였습니다.

야외 사형장과 시신을 내보내는 문을 지나 최종목적지에 도착했을 때 벽돌로 지어진 여女옥사 역시 아름답다는 사실이 이제는 암담하게 느껴질 정도였죠.* 한쪽으로는 계속 아름다운 것을 짓고, 또 한쪽으로는 참혹한 짓을 저지르는 존재가 같은 '인간'이라는 이름으로 불리면서, 서로 아무런 영향을 주지 않는 평행선을 바라보는 심정이라고 할까요. 순간 여옥사가 두 개의 선로가 지나가는 작은 기차역처럼 보인 건 그 때문이었겠지요. 여행자를 환영하듯 여옥사의 문은 활짝 열려 있었지만, 들어가기가 내키지 않았습니다.

냉방이 전혀 안 된 여옥사가 서늘하게 느껴진 건, 그늘 하나 없는 뜨거운 햇볕 아래를 걸어왔기 때문만은 아니겠죠. 여옥사는 복도를 사이에 두고 여덟 개의 방이 서로 마주 보는 단순한 구조였습니다. 방의 크기에서부터 수감자에게 여유로운 공간은 제공하지 않겠다는 악의가 전해졌습니다. 방에는 설치 작품과 수감자들이 쓰던 물건이 전시되어 있었죠. 거울 위에 독립운동가의 사진을 붙여 무수하게 그녀들의 얼굴이 복제되는 방도 있었고, 여옥사에서 만난 두 친구가 손을 맞잡은 등신대 조각도 서 있었죠.

저는 당신들 일곱 명이 갇혀 있던 8호 감방으로 다가갔습니다. 방 안에는 50대로 보이는 방문객이 있었습니다. 저를 보자 밖으로 걸어 나왔는데 그 행동이 자연스럽게 느껴진 건 현대를 살아가는 낯선 타인이라면 둘이 함께 둘러보기에도 좁은 공간이었기 때문이지요. 세 평도 안 되어 보이는 8호 감방으로 들어선 지 얼마 안 되어 창밖을 내다봤습니다. 노트를 꺼내 맞은편 역사관 건물 지붕과 그 뒤로 보이는 아파트를 그리면서도 스스로의 행동이 의아했지요. 나중에 깨달았지만, 8호 감방에는 아무것도 남지 않은 듯했고, 그래도 무언가를 봐야 한다는 조급한 마음 때문이었습니다.

아무것도 없었다고 한다면 서대문형무소역사관에서는 섭섭해할 일입니다. 전시실로 바뀐 왼쪽 벽에는 8호 감방에 함께 수감되었던 김향화·권애라·어윤희·신관빈·심명철·임명애·유관순의 사진이 붙어 있었습니다. 게다가 정면에는 일곱 명이 모인 모습을 실루엣 형상으로 붙여 그녀들이 겪은 상황을 상상하도록 신경 썼거든요. 그럼에도 불구하고 예우를 갖춰 관리된 공간은 8호 감방이 낳은 이야기와 가장 먼 곳에 위치한 듯 고요합니다.

김향화는 수원에서, 권애라·어윤희·신관빈·심명철은 개성에서, 임명애는 파주에서, 유관순은 서울과 천안에서 3·1 운동에 참여한 죄목으로 8호 감방에 수감되었지요. 김향화는 경찰서 앞에서 만세를 불렀고, 임명애는 일본 순사들이 모여 있는 면사무소 유리창을 깼으며, 유관순은 학교 담을 넘어 서울 시위에 참여하고 고향으로 내려가 아우내 장터 만세 운동을 이끌었지요. 권애라가 예배당 지하실 구석에 숨겨 둔 「독립선언서」를 찾아 나오자, 어윤희와 신관빈이 배포를 도왔고, 심명철은 시위를 탄압하는 일본 기마병 행렬에 뛰어들어 군중에게 만세 운동을 하자고 호소했습니다. "시각장애인 주제에 무슨 독립운동이냐"고 추궁 당한 심명철은 "내가 눈이 멀었지, 마음까지 먼 줄 아느냐"며 호통쳤습니다.

잠시 숨을 고르자 심명철을 주어로 한 이야기가 다시 시작됩니다. 심명철이 간수에게 뺨을 맞아 죽을 때까지 귀에서 고름이 나왔으며, 손가락에 주리를 트는 고문을 당했다는 이야기가 아들 문수일의 증언으로 전해집니다. 죽을 때까지 유관순을 괴롭혔던 옆구리 상처는 만세 시위 때 창에 찔렸기 때문이었죠. 1920년 3·1 운동 1주년을 기념하는 옥중 만세 시위를 벌인 날, 심명철과 유관순은 고문을 받고도 밤늦게까지 복도 바닥에 꿇어 앉아 있었습니다. 시각장애인과 미성년자를 향한 서대문형무소의 잔인함은 또 다른 사회적 약자인 '기생'을 어떻게 대했을런지요? 김향화가 원래 형기인 6개월을 채우지 못하고, 5개월 만에 풀려났다는 사실에서 모진 고문의 의혹을 피할 수 없습니다. 유관순은 8호 감방에서 1주년 만세 시위를 벌인 후 자주 구타를 당해 방광이 망가지고 결국 죽음에 이르렀지요.

저는 8호 감방으로 들어가 나란히 붙어 있는 당신들의 사진을 바라봤습니다. 15세에 가정 형편 때문에 기생이 된 김향화와, 외동딸의 교육에 적극적이었던 아버지를 두었던 권애라, 사회적 신분이 달라 3·1 운동이 아니

☰☰☰☰☰☰☰☰☰

〈권애라 초상〉, 종이 위에 연필, 45×31cm, 2023

〈권애라 초상〉, 한지 위에 분채, 48×33cm, 2023

〈어윤희 초상〉, 종이 위에 연필, 45×31cm, 2022

〈어윤희 초상〉, 한지 위에 분채, 48×33m, 2022

〈신관빈 초상〉, 종이 위에 연필, 45×31cm, 2024

〈신관빈 초상〉, 한지 위에 분채, 48×33m, 2024

〈임명애 초상〉, 종이 위에 연필, 45×31cm, 2024

〈임명애 초상〉, 종이 위에 연필, 45×31cm, 2024

〈임명애 초상〉, 한지 위에 분채, 48×33m, 2024

〈임명애 초상〉, 한지 위에 분채, 48×33m, 2024

〈유관순 초상〉, 종이 위에 연필, 45×31cm, 2021

〈유관순 초상〉, 한지 위에 분채, 48×33cm, 2021

〈유관순 초상〉, 한지 위에 분채, 48×33cm, 2021

었다면 만날 일이 없었을 기생과 유치원 교사가 함께 꿈
꿨던 세상은 어떤 것이었을까요. 출신 성분도, 사는 지역
도 달라 8호 감방에서 처음 만난 당신들이 서로 얽혀 만
든 이야기가 연이어 떠올랐습니다. 기생 김향화가 유치
원 교사였던 권애라에게 〈개성난봉가〉를 가르쳐 주고,
임신 9개월의 몸으로 수감된 임명애가 출산 후에 갓난
아이와 함께 돌아오자, 유관순은 젖은 기저귀를 몸에 차
서 말려 주었습니다. 어윤희는 굶주림의 고통 때문에 잠
들지 못하는 유관순에게 자신의 밥을 양보했습니다.

8호 감방을 둘러싼 사실을 하나씩 알게 될 때마다 저는
종종 유튜브에서 〈개성난봉가〉를 찾아 틀었습니다. 개
성의 명승지인 박연폭포가 제아무리 깊다 해도 우리의
정만 못하다는 위풍당당한 사랑가더군요. 창을 열면 여
름 밤하늘에 "박연폭포 흘러가는 물은 범사정으로 감
돌아든다"로 시작되어 "에~ 에~ 에헤야 에~ 에루화 좋
고 좋다 어러험마 디여라 내 사랑아"로 끝나는 노래 자
락이 퍼져 나가곤 했습니다. 경성 잡가와 서관 소리에 뛰
어났던 김향화가 권애라에게 가르쳐 준 〈개성난봉가〉입
니다. 처음에는 높게 질렀다가 하강하는 가락을 듣다 보
면, 8호 감방에 높이가 37미터나 되는 박연폭포가 쏴아,
소리를 내며 떨어집니다. 김향화의 탁성과 좌중의 눈이
휘둥그레질 정도로 성량이 컸다는 권애라의 목소리가

어우러져 〈개성난봉가〉를 불러냅니다. 여옥사에 있던 모두가 〈개성난봉가〉를 들으며 잠시라도 갇힌 몸에서 벗어나 박연폭포의 시원한 물줄기를 즐겼길 바라면서 저는 창을 더 활짝 열었습니다.

옥고를 치르고 감옥에서 나온 김향화의 행방은 잘 알수 없습니다. 모진 고문을 받은 독립운동가들은 목숨을 잃은 경우도 적지 않았지요. 만약 김향화가 살아 있었다면 신문과 잡지 기사에 등장하곤 했던 권애라의 소식을 어디선가 들었겠지요. '연애는 자유라는 문제'라는 센세이셔널한 주제로 강연을 하는 웅변가이자, 여성 해방을 주장하는 신여성으로 유명했던 권애라는 대중들이 소식을 궁금해 할 정도의 스타였으니까요.(田3-1 *p.173*) 서대문형무소에서 출옥한 후에도 권애라는 중국 각지에서 지하 항일운동을 이어 나가다가 징역 12년을 선고 받고 창춘 형무소에 수감됩니다. 그럼에도 불구하고 권애라는 독립운동가로 대우받기는커녕 자신의 의지에 따라 자유연애를 실천했다는 이유로 숱한 야유를 받습니다. 여옥사에서 서로에게 힘을 주던 〈개성난봉가〉는 권애라를 조롱하기 위한 '권난봉'이라는 별명으로 사용되었지요.

8호 감방 벽에는 1920년 3·1 운동 1주년 옥중 만세 투쟁 당시 수감자들이 지어 불렀다는 〈8호 감방의 노래〉도 적혀 있었습니다. 간수가 시끄럽다고 할 정도로 자주 불렀다던 노래입니다.

전중이 일곱이 진흙색 일복 입고
두 무릎 꿇고 앉아 주님께 기도할 때
접시 두 개 콩밥 덩이 창문 열고 던져 줄 때
피눈물로 기도했네 피눈물로 기도했네
대한이 살았다 대한이 살았다
산천이 동하고 바다가 끓는다
에헤이 데헤이 에헤이 데헤이
대한이 살았다 대한이 살았다

벽에 붙은 가사를 읽고 있을 때 누군가 여옥사로 들어오는 소리가 들렸습니다. "와, 여기가 유관순 감옥이에요?" 열 살 정도 된 아이가 흥분한 듯 큰 목소리로 물었습니다. 저는 그들의 관람을 위해 8호 감방에서 나왔지만, 누구도 제대로 볼 마음이 없다는 걸 곧 눈치챘지요. 고등학생으로 보이는 언니가 복도에 조각상처럼 선 채 아무런 반응이 없자 아이는 풀이 죽은 모양이었습니다. 아버지 역시 8호 감방에 들어가기는 했으나 금세 나오더니 다른 감방은 머뭇머뭇 복도에서 들여다보는 정도입니다. 아이의 언니와 저는 둘이서 잠시 좁은 복도에 함께 서 있었습니다. 야구 모자를 써서 얼굴의 반이 가려졌지만, 그녀가 상냥한 기분이 아니라는 건 금세 알 수 있었죠.

하얀 피부는 어둑어둑한 여옥사 복도에서 도드라졌고, 손으로 부채질을 할 때마다 가느다란 금팔찌가 반짝였습니다. 그때 아버지에게 전화가 걸려왔지요. 아버지는 상대방에게 지금 서대문형무소에 와 있다고 답하더니 슬쩍 딸의 눈치를 보며 말을 이었습니다. "근데 좀 무섭다." 아버지의 말을 듣더니 등 뒤에서 처음으로 그녀의 입이 열렸습니다. "그렇게 오자고 하더니……." 그들은 서울 나들이 중인 듯했고, 서대문형무소는 오랫동안 아버지의 방문 희망 리스트 중 하나였던 것 같았습니다. "너무 더워서 정신이 없어." 한번 입이 열리자 그녀는 작은 목소리로 불만을 쏟아 냈습니다.

맞는 말입니다. 여옥사까지 걸어오는 길은 그늘 하나 없는 땡볕이었고, 실내 전시장도 냉방이 안 되었거든요. 체감온도 34도, 외출을 자제하라는 아침 뉴스가 흘러나온 날이었습니다. 아버지 역시 더는 여옥사에 머물 생각이 없어 보였죠. "이제 어디 가서 뭐 먹어야지." 딸의 기분을 풀어 주려는 듯 어깨를 토닥이면서 여옥사를 나갔습니다. 가족이 떠나고 나서 한동안 여옥사에는 관람객이 들어오지 않았습니다. 저는 혼자서 8호 감방의 문턱을 건너 삐걱거리는 나무 바닥을 걸어 보고, 다시 창가로 가서 바깥을 내다봤지요. 옆방에 설치된 영상물을 틀어 보고 수감자가 신었던 버선과 고무신이 진열된 방으로 들어갔습니다.

 야구 모자를 쓴 그녀가 못 보고 떠난 소장품 중에는 코바늘로 뜬 받침도 있었습니다. 수감자가 사형되기 전 여간수에게 고마움을 표시하기 위해 선물로 줬다고 하는데 어제 뜬 것처럼 고운 걸 보니 받은 이가 차마 쓰지 못한 모양입니다. 촘촘하게 연결된 뜨개코를 보니, 유관순이 뜬 모자 이야기를 그녀에게 전해 주고 싶더군요. 유관순이 열다섯 살 때 조카 제경에게 주려고 만든 실모자는 한눈에 봐도 정성이 가득합니다. 아마도 조카는 뜨개 모자를 상자에 넣어 간직하며 가끔씩 꺼내 봤겠지요. 그때마다 "모자나 셔츠 하나를 뜨더라도 성심껏, 어린 애가 무슨 일이든 충직하고 책임감이 강했다."며 유관순을 회상했던 어윤희의 말을 다시 떠올렸을런지요. 조카는 뜨개 모자를 85년간 보관해 오다가 천안에 있는 유관순열사기념관에 기증했다고 하더군요.

 아무래도 키도 체구도 컸던 유관순에게 배고픔은 좀더 가혹했던 듯합니다. 닷새 만에 겨우 지급된 콩밥을 먹고 잠들지 못하는 유관순에게 어윤희는 금식 기도를 한다는 핑계를 대고 자신의 밥을 주었다고 합니다. 어윤희가 3·1 운동에 참여한 배후를 묻는 일본 경찰에게 "새벽이 되면 누가 시켜서 닭이 우는가? 우리는 독립할 때가 왔으니까 궐기한 거다."라고 당당하게 답했다는 일화를 들어서일까요, 광복 후에는 유린보육원을 설립해서 평생 아이들을 돌본 어윤희의 사진을 보다가 놀라고 말았습니다.(田3-2 *p.173*) 활짝 웃고 있는, 열 살 남짓한 보육원의 아이들보다 조금 더 키가 클 뿐입니다. 아이들에게 밥을 챙겨 줄 때마다 어윤희는 8호 감방에서 굶주리다 세상을 떠난 유관순을 얼마나 자주 떠올렸을지요.

서대문형무소 수감자의 기록을 읽다가 "배고픔을 참지 못하여 벌레를 먹거나", "노역 작업 중 아교를 훔쳐 먹기도 했다."는 증언을 본 적이 있지요. 태어나서 건강검진 외에는 거의 굶어 본 적 없는 몸으로 제가 할 수 있는 최선은 아우슈비츠 생존자인 프리모 레비의 말을 그대로 옮기는 일입니다. "수용소에 들어온 지 보름 뒤에 나는 이미 규칙적으로 배가 고팠다. 자유로운 인간들은 알지 못하는, 밤이면 꿈을 꾸도록 만드는, 우리 몸 구석구석에 자리잡은 만성적인 허기다."**

서대문형무소에서 만난 가족을 다시 떠올린 것은 한 달 뒤, 카페에서 서경식의 『청춘의 사신』 머리말을 읽고 있을 때였습니다. 서경식은 삶과 죽음의 문제에서 눈을 돌리고 있는 현대인을 향해 이런 말을 남깁니다. "내 눈에는 사람들이 매끈매끈한 아크릴 껍질을 푹 뒤집어쓴 채 되도록 아무것도 느끼지 않으려고 몸을 잔뜩 웅크리고 있는 것처럼 보인다. 감성을 섬세하고 예민하게 유지하는 것이 이 사회에서 무난히 살아가는 데 불리할 테니

말이다."*** 문장이 끝남과 동시에 어둑어둑한 여옥사 복도에 서 있던 그녀의 피부가 아크릴처럼 반짝였습니다. 감방과 감방 사이의 벽 혹은 허공을 바라보는 듯한 그녀의 부자연스러운 자세도 함께 떠올랐죠. 문득 제가 그녀를 오해했을지도 모른다는 생각이 들었습니다. 그녀는 더위에 지쳐 화난 것이 아니라 겁을 내고 있었던 건 아닐까, 하고요. 상당히 공을 들여 아무것도 응시하지 않으려 애쓴 것은 무언가를 느끼게 될까 봐, 두려워했기 때문인지도 모른다고요.

저 역시 너무 늦은 첫 방문이었습니다. 그동안 어쩌다 보니 서대문형무소역사관에 갈 기회를 놓쳤다고 생각해왔지만, 스스로를 속이는 교묘한 변명이었죠. 괴로움을 줄 게 뻔한 장소를 의도적으로 피했다는 사실도 함께 깨달았습니다. 살면서 뒤집어써 온 수많은 아크릴 껍질을 헤아리자 고름이 흘러나오는 유관순의 옆구리 상처가 반작용처럼 떠올랐습니다. 그들이 고문을 받으러 끌려 나갔다가 들어온 8호 감방의 문턱을 건너면서도, 나의 몸은 조금도 고통을 느끼지 못했습니다. 7월의 더위와 에어컨 없는 여옥사의 열기가 훨씬 가깝게 느껴졌지요. 일부러 점심시간을 훌쩍 넘기면서 배고픔과 더위를 참으며 여옥사에 좀 더 머물렀던 건 냉정한 제 몸에 대한 반발심 때문이었을까요. 심지어 고요하고도 상처 하나 남지 않은 8호 감방의 허공에게도 냉정함을 느꼈습니다.

2021년의 여름에 1919년 여옥사의 겨울을, 갓난아기를 위해 축축한 기저귀를 두른 유관순의 몸을 상상해보는 것은 애초부터 불가능한 시도일지도 모릅니다. 그럼에도 불구하고 제가 아는 한, 아크릴 껍질을 부수는 유일한 방법은 실패할 상상을 반복하는 일뿐입니다.

(2021년 여름)

*   서대문형무소 여옥사: 1979년에 철거된 여옥사를 도면을 참고해 2011년에 복원했다.

**   프리모 레비 지음, 이현경 옮김, 『이것이 인간인가』, 돌베개, 2007, 50쪽.

***   서경식 지음, 김석희 옮김, 『청춘의 사신: 20세기의 악몽과 온몸으로 싸운 화가들』, 창비, 2002, 8쪽.

〈가네코 후미코 초상〉, 한지 위에 채색, 210×94cm, 2021

✉ 4

'NO 천황제',
가네코 후미코의 1926년

✢
서봉총과 문경새재를 지나,
레이와 시대로 접어든 긴자 거리까지

친구들과 경주에서 점심을 먹으려면 서둘러야 했지만, 차 키를 찾다 말고 잠시 TV 앞에 서 있었습니다. 일본의 마코 공주 남편이 뉴욕 변호사 시험에서 떨어졌다는 소식이 흘러나왔기 때문이었죠. 마코 공주를 처음 본 것이 언제였더라, 햇수를 헤아려 봤습니다. 일본 유학 시절 기숙사에 살던 때였으니까 2004년이네요. 그날도 '속보 영상'이라는 자막을 보고 무슨 일인가 싶었는데, TV 스크린은 고작 그녀가 초등학교를 졸업하는 장면을 비췄습니다. 황실에서 태어난 열세 살 소녀에게는 앞으로 살아갈 곳이 어디든 유리로 지어진 집이겠구나. 벽뿐만 아니라 천장과 바닥까지 투명한 집을 상상하던 봄날 이후

17년이 흘렀네요.

넉 달 만에 만난 친구들과 단풍 든 불국사를 걸으면서도, 일상이 훤히 들여다보이는 마코 공주의 유리 집이 간간이 떠올랐습니다. 다보탑 앞에서 누군가 "코로나로 갇혀 있다가 이렇게 나오니까 너무 좋다."라며 외치자 지나가던 몇 명이 따라 웃었습니다. 다른 사람의 시선을 신경 쓰지 않는 호방한 목소리를 듣자, 결혼까지 여론에 영향을 받는 그녀의 삶이 다시 한 번 생각났지요. 어느새 서른이 된 그녀가 결혼 발표를 했다는 소식을 듣고 가장 놀란 건 90퍼센트의 일본 국민이 반대했다는 사실입니다. 약혼자의 꽁지머리가 문제가 되는가 하면, 심지어 그가 어릴 때 아버지가 자살했기 때문이라는 이유도 있었죠. 약혼자의 불행을 보듬어 준 그녀를 칭찬하기는커녕 국민의 반대에도 불구하고 결혼을 강행한 '고집불통 공주'라는 비난 여론이 만만치 않은가 봅니다.

PTSD(외상 후 스트레스 장애) 진단까지 받은 마코 공주는 결혼 발표를 하러 나오면서도 온화한 미소를 잃지 않더군요. 마코 공주가 기자 회견장에 마련된 의자에 앉아 정면을 바라본 지 꽤 오래되었는데도 마이크를 점검하는 듯한 자잘한 소음만 들려왔습니다. 자신을 비추는 카메라를 바라보는 그녀의 자세는 꼿꼿했고, 미소는 전혀 흔들림이 없었습니다. 준비 시간이 길어질수록 눈에 보이지 않는 수많은 끈이 그녀의 입꼬리를 위로 당기는 듯해 보였죠. 저도 모르게 떼구르르 굴러 들어와 모든 이의 시선을 다른 곳으로 돌려 버릴 무언가를 상상했습니다. 혹은 그녀의 입에서 터져 나올 무언가를요. 이를테면 "왕실 생활은 〈트루먼 쇼〉와 동물원을 합쳐 놓은 것 같았다."는 영국 해리 왕자의 폭탄 발언 같은 것이었는지도 모르겠습니다.

물론 그런 일은 벌어지지 않았습니다. 차분하게 발표를 마치는 마코 공주를 보며 문득 궁금해졌습니다. 일본 황실에 폭탄을 던지려고 했다는 죄목으로 사형 선고를 받은 당신의 이름, 가네코 후미코를 알고 있을지. 식민지를 경영하며 인간 평등의 가치를 짓밟는 천황제와 싸우다가, 스물셋의 나이로 세상을 떠난 당신의 이름을 모른다면 읽어 주고 싶은 문장이 있었습니다. 당신이 죽음을 앞두고 써 내려간 「26일 밤」의 한 구절입니다.

내가 '올바르다'라는 말을 사용할 때 그것은 완전히 '자율적'이라는 것을 의미합니다.*

아이러니하게도 그 무엇보다 천황제에 속한 마코 공주를 옹호하는 발언처럼 느껴지지 않나요. 결혼이야말로 자율의 문제라는 건 누구도 부정할 수 없을 테니까요. 태어날 때부터 미소가 새겨진 인형처럼 웃어야 하는 공주를 바라보며, 저는 당신이 황실을 향해 던진 말을 떠올렸습니다. 황족은 정치의 실권자가 무지한 민중을 기만하기 위해 날조한 "가엾은 꼭두각시이자 나무 인형"이라는 폭탄 같은 발언을요. 목숨 걸고 비판한 대상에게도 '가엾은'이라는 형용사를 썼다는 것도 기억해 냈습니다.

다음 날 아침, 친구들과 헤어진 후 경주를 좀더 둘러보고 문경으로 향했습니다. 당신의 묘 근처에 예약해 둔 숙소에 도착한 건 저녁 무렵이었죠. 당신이 조선에 살 때 머물렀던 세종시 부강 마을이 아니라 당신의 배우자 박열의 고향으로 온 건 묘가 박열의사기념관 안에 있기 때문입니다. 제가 고른 숙소는 식당과 펜션으로 둘러싸인 관광지더군요. 화려한 밤과 달리 아침 식사를 할 수 있는 곳은 스타벅스 문경새재점뿐이었습니다. 2층 매장으로 올라가니 스타벅스와는 어울리지 않는 넓은 마루가 깔려 있었지요. 잠시 의아했지만, 신발을 벗고 올라가 앉자 고개가 끄덕여지더군요. 삼면 유리창 너머, 막 단풍이 들기 시작한 고개가 연이어 펼쳐졌습니다. 새들도 쉬어 넘는 고개, 조령鳥嶺이라고도 불리는 새재. 당신의 죽은 몸은 당신의 생을 닮은 이름의 고장에 누워 있더군요.
　내키지는 않지만, 잔혹 동화에 가까운 당신의 어린 시절 이야기부터 시작해야겠네요. 당신의 아버지는 천황가와 가까운 귀족 집안이라는 점을 자랑으로 여기는 허세 가득한 인물이었죠. 당신을 호적에 올리지 않은 것도 자신의 "광휘로운 가문"을 더럽히지 않기 위해서였습니다. 당신 어머니의 신분이 미천하기 때문이라는, 말도 안 되는 이유에서였습니다. 무적자라는 이유로 학교의 선생조차 당신의 이름을 빼고 출석을 부르거나, 수료증도 다른 학생들과 차별하여 싸구려 종이로 만들어 주었다고 하죠. 어머니에게도 버림받아 열두 살에 할머니와 고모가 사는 조선(세종시의 부강 마을)으로 건너왔지만, 하녀처럼 일하며 갖은 학대를 받아야 했습니다. 할머니와 고모는 이웃에게 자신의 손녀, 조카를 '가난한 집안의 딸'이라고 소개하며 무시했는데, 이 역시 당신이 무적자라는 이유에서였죠.

따지고 보면 무적자로 만든 주체가 아버지이자 이를 방관한 할머니일진대, 아무런 죄 없이 태어난 아이에게 학대의 이유까지 씌워 자신의 행동을 정당화하다니요. 어불성설, 적반하장의 가장 적절한 예를 찾는다면 그중 하나가 여기에 있지 않을까요. 당신은 조선에 사는 7년 동안 인간의 애정에 가장 감동했던 경험으로, 굶주렸을 때 조선인 아낙네가 주려 했던 보리밥을 꼽았습니다. 하지만 할머니가 조선인에게 밥을 얻어 먹었다는 사실을 알았다가는 큰일이 날 걸 알기에 주린 배를 안고서도 거절했다고 했죠. 마치 서툰 작가가 만들어 낸 소설 속 주인공처럼, 당신이 겪은 고난은 비현실적이리만치 일관됩니다.

체벌과 학대를 견디지 못해 자살을 결심하던 날, 당신은 구원을 받은 듯 배고픔도 잊어버리고 깊은 못을 향해 달려갔다고 하죠. 물로 뛰어들려던 당신을 구해 냈던 건 남몰래 지켜본 이웃이 아니라, 머리 위에서 갑자기 울기 시작한 매미 소리였습니다. 소매와 붉은 모슬린 속치마에 잔뜩 넣은 돌을 버린 건 죽고 나면 매미 소리는 물론 부강 마을의 아름다운 산과 나무와도 작별이라는 깨달음 때문이었다니요. 여름이 오면 잔물결 하나 일지 않던, 검푸른 기름 같던 못 앞에 서 있던 소녀를 종종 떠올릴지도 모르겠습니다. 매년 매미 소리를 들을 때마다 당신을 떠올린다면 그건 자살을 포기했던 소녀가 꿈꾼 복수가 놀라웠기 때문입니다. 당신은 그날 "나처럼 고통 받으며 살아가는 사람과 더불어 고통을 가하는 사람에게 복수하지 않으면 안 된다."고 결심합니다. 개인적인 복수가 아니라 고통 받는 약자의 편에 선 복수입니다.

당신이 훗날 일본으로 건너가 도쿄 오뎅 집에서 일하며 밤늦게까지 공부하고 사회주의자와 교류한 것도, 박열의 시를 읽고 사랑에 빠지는 것도 그날과 무관하지 않아 보입니다.

나는 개새끼로소이다
하늘을 보고 짖는
달을 보고 짖는
보잘것없는 나는 개새끼로소이다

높은 양반의 가랑이에서
뜨거운 것이 쏟아져 내가 목욕을 할 때
나도 그의 다리에다 뜨거운 줄기를 뿜어 대는
나는 개새끼로소이다

—박열, 「개새끼」**

슬픔과 광기, 허무와 욕망, 목욕과 오줌, 어긋나고 상반
된 것이 부딪쳐 폭발하는 듯한 시입니다. 당신을 차별했
던 아버지·학교 선생·할머니가 싼 오줌 줄기를 그들에
게 그대로 돌려주는 듯 느껴졌을, 통쾌하기 그지없는 시
입니다. 당신의 마음을 꿰뚫어본 듯한 이 시를 읽고 박열
과 연인이 된 건 자연스러운 전개처럼 느껴집니다. 당시
현실 세계에서 일본인이 '미천한' 조선인에게 사랑을 느
끼는 건 개연성이 거의 없는 일이었지만요. 아나키스트
가 된 당신이 박열을 만나 함께 꿈꾼 반역의 방법은 연
대였습니다. 1922년 11월, 박열과 함께 펴낸 잡지 『뻔뻔
스러운 조선인』 간행 취지에서 당신은 조선인이 과연 암

살, 파괴, 음모를 도모하는 자인지 의문을 제기합니다. 아울러 또 다른 사회적 약자인 일본인 노동자와 손잡고 자 했죠. 당신이 남의 일이 아니라고 생각할 정도로 감 격했던 3·1 운동과 학대 받는 조선인에 관한 이야기를 꺼낼 때면 눈물을 흘리며 빠르고 강한 어조로 끝없이 말하곤 했다죠. 당신의 이야기 속에는 고리대금업을 하 며 조선인을 착취한 고모네나, 조선인의 옷을 벗기고 채 찍을 휘두른 부강의 일본 경찰이 등장했겠지요. 박열이 난처해 하며 그만하라고 해도 끝내지 않던 이야기를 듣 고 싶은 건 저뿐만이 아닐 겁니다.

저는 커피를 다 마시고 일어나 당신 묘가 있는 박열의사 기념관으로 향했습니다. 당신과 박열을 기억하는 공간 을 찾아가는 길에는 놀랄 정도로 커다란 사과가 주렁주 렁 달려 있었지요. 기념관으로 들어가자마자 바로 왼편 에 당신의 묘가 보였습니다. 햇볕이 봄날처럼 당신의 봉 분을 비추고, 열 그루 남짓한 소나무가 둥글게 감싸고 있었습니다. 밟으면 폭신할 정도로 두껍게 깔린 노란 낙 엽이 기념관 주위를 더욱 환하게 밝히는 듯했지요. 회색 돌로 지어진 다소 무미건조한 기념관을 향해 걷자니 당 신들이 1923년 3월부터 살기 시작한, 개성 넘치던 2층짜 리 셋집이 떠올랐습니다. 도로에서도 눈에 띄일 만큼 벽 에 붉은 하트를 커다랗게 그리고, 검은색으로 '반역'이

〈가네코 후미코 초상〉, 종이 위에 연필, 45×31cm, 2021

〈가네코 후미코 초상〉, 한지 위에 분채, 48×33cm, 2021

라고 써서 이웃들이 이상하게 여길 정도였다죠.

같은 해 4월 조선인 17명, 일본인 6명으로 구성된, 고학생과 노동자가 중심이었던 불령사不逞社 동인은 그 집에서 어떤 이야기를 나눴을까요. 불만을 갖고 국가의 구속에서 벗어나 행동한다는 '불령'이라는 이름부터 궁금증을 자아냅니다. 불령사가 "민족적이지도 않고 사회주의적이지도 않은, 다만 반역"을 목적으로 한 것은 권력에 저항하는 이라면 누구든 참여할 수 있는, 대중적인 모임이 되길 바랐기 때문입니다. 직접행동은 개개인의 의지에 맡길 정도로 무엇보다 '자율'이 중요한 모임이었습니다. 불령사의 꿈이 짧게 끝난 건 같은 해 조선인 대학살이 일어났기 때문입니다. 관동대지진이 일어난 후 조선인을 학살한 건 일본군과 경찰, 민간인이었는데도 일본 검찰은 불령사에게 '폭력에 의한 직접행동을 목적으로 하는 비밀결사 단체'라는 혐의를 씌웁니다. 조선인 대학살을 향한 국제사회의 비난을 피하기 위해서였죠.

당신이 열세 살이었을 때, 할머니와 떡국을 먹다가 집밖으로 쫓겨난 날이 기억나네요. 할머니는 자신의 젓가락이 부러지자 정초부터 재수가 없다며 이런 말을 했다죠. "넌 내가 죽어 버리기를 빌고 비는 모양이지. 내 단단히 기억하고 있으마." 흥미로운 사실은 가해자 중 일부는 자신이 어떤 잔혹한 일을 저지르는지 알고 있으며, 피해자가 언젠가 복수할지도 모른다고 두려워한다는 것입니다. 그리하여 피해자가 미래에 이뤄 낼지도 모를, 복수의 가능성을 이유로 또다시 가해하는 일을 벌이는 것이지요. 관동대지진이 일어났을 때도 마찬가지 일이 생기고 말았습니다. 4년 전 3·1 운동의 거센 저항을 목격한 일본인은 지진으로 어수선한 틈을 타서 조선인이 자신을 죽일지도 모른다는 망상을 품게 된 것이지요. 조선인이 우물에 독을 풀었다든지 폭탄을 던졌다는 헛소문을 믿고 벌인 어처구니없는 일을 수습하는 과정에서 불령사에게 책임을 돌리다니, 할머니가 자신의 손안에서 부러진 젓가락이 당신 탓이라고 화풀이하는 것과도 비슷합니다.

만약 조금이라도 이성적 판단이 가능했다면, '불령사'라는 나무 간판을 떡하니 내건 집에서 비밀결사라니요, 우스개 같은 이야기입니다. 그럼에도 당신과 박열은 옥중에서 자신의 무죄를 주장하는 대신 모든 에너지와 시간을 쏟아 천황제와 싸워 나갑니다. 박열은 일본제국주의가 행한 조선 수탈을 폭로하고 천황제 국가의 멸망을 예언했고, 당신은 일본이 천황제에 기반한 신의 나라라고 칭해지지만, 실은 소수 특권계급의 사욕을 채우기 위한 공허한 기관에 불과하다고 비판합니다. 법정에서 당신은 자신의 사상을 펼쳐 강연한 기분이라고 말함으로써 재판장과 대역죄인의 관계를 뒤집어 버립니다. 재판장이 사형선고를 내리자 만세를 불렀고, 심지어 천황이 무기징역으로 감형하겠다는 은사장을 내렸지만 이를 찢어 버렸죠. 어린 시절 못에 뛰어들려 했던 날, 약자 편에서 싸우겠다는 스스로의 다짐을 끝까지 배반하지 않았습니다.

저는 지금 1926년 2월 26일 대심원 법정에서 찍은 당신의 뒷모습을 바라보고 있습니다. "내가 '올바르다'라는 말을 사용할 때 그것은 완전히 '자율적'이라는 것을 의미합니다."라는 문장으로 천황제에 대항한 「26일 밤」을 쓴 날입니다. 머리는 뒤로 쪽 지어 올리고, 하얀 비단 저고리, 검정 치마를 입고 손에는 『체호프 단편집』을 든 채로 법정에 출석했다지요. 사진 속 당신 옆에는 박열이 앉아 있습니다. 역시 재일조선인의 지원으로 조선식 예복을 입은 박열은 당신이 하는 말을 하나라도 놓칠세라 몸을 기울여 듣습니다. 법정이 아니라면 이제 막 혼례를 마친 다정한 신혼부부처럼 보입니다.(田4-1 *p.174*)
뜬금없는 말처럼 들리겠지만, 사진을 보고 있자니 같은 해 일본으로 여행 온 다른 신혼부부, 스웨덴 황태자 구스타프 6세 생각이 나더군요. 당신 묘를 찾아오기 전날, 경주에서 아침 산책을 하다가 서봉총 앞을 지나쳤기 때문입니다. 구스타프 6세가 금관을 발굴해서 스웨덴을 의미하는 '서瑞'가 붙은 서봉총은 평평한 모양을 하고 있어 네 개의 팻말이 없었다면 그냥 지나칠 뻔했습니다.

아담한 산의 능선을 바라보듯 느긋한 마음으로 봉분 사이를 거닐던 저는 또다시 폭력의 흔적 앞에 서 있다는 걸 알았죠. 서봉총이 지금처럼 납작해진 건 1925년, 봉분의 흙과 자갈을 경주역 기관차 차고를 지을 자재로 보냈기 때문이라고 하더군요. 신라 왕의 무덤을 파헤쳐 그 흙과 자갈로 근대 건축물은 세우는 행위는 일본 천황의 위치를 높이는 동시에 피지배인의 자긍심을 망가트리기에 얼마나 효율적인 퍼포먼스였을까요.

때마침 고고학에 조예가 깊은 구스타프 6세가 일본 여행 중이었으니 그를 초대해 금관을 발굴하도록 하여 퍼포먼스의 효과를 극대화하기로 합니다. 같은 해인 1926년 3월 23일, 당신과 박열은 옥중에서 결혼했고, 신혼여행은커녕 이틀 뒤 사형선고를 받았습니다. 한 번만이라도 세상에 나가 보고 싶었지만 장래의 목숨을 부지하기 위해 현재의 자신을 죽이는 일은 결코 없을 거라고 당신이 옥중에서 선언한 지도 이미 2년이 지난 때군요. 옥중 결혼을 한 건 박열의 가족이 당신의 유골을 수습할 수 있도록 하기 위한 조치였습니다. 같은 해 구스타프 6세는 중립국의 황태자로서 신혼여행으로 아시아 곳곳을 돌아다니는 중이었습니다. 그해 가을에는 서봉총 발굴을 위해 경주에 도착해 석굴암에 올라 일출을 감상하고 불국사를 돌았죠.

서봉총 앞 팻말에는 구스타프 6세의 반대가 없었다

면 서전총이라 불릴 뻔했던 이야기가 적혀 있더군요. 일본 관리가 '스웨덴(瑞典: 서전)'을 지칭하는 서전총이라고 이름 짓겠다고 하자, 구스타프 6세가 1000년 찬란한 신라 왕실을 모독할 수 없다며 사양했답니다. 머쓱해진 일본 관리는 서전의 서瑞 자와 봉황의 봉鳳 자를 따서 서봉총으로 했다죠. 팻말은 구스타프 6세가 일본제국주의를 향해 한 방 먹인 것마냥 통쾌한 일화처럼 소개하고 있었으나, 저는 마음이 복잡해졌습니다. 구스타프 6세가 취한 중립적인 태도의 위험성을 최근 깨달았기 때문이지요. 과거의 제국주의나 현재 일본 우익의 행태를 비판하기는 쉽지만, 구스타프 6세의 행동은 일견 양심적으로 보여서 저항하기에 더 어렵다는 것을요. 천황제나 일본제국주의를 비판하지 않으며 방관하는 태도는 결국 현재의 상태를 유지하는 데 도움을 주고 맙니다.

저는 책을 통해 당신을 만나고 천황제를 향한 제 태도 역시 중립적이었다는 걸 깨달았습니다. 물론 천황제는 사라져야 할 제도라고 생각하고 있었지만, 일본에서 8년 동안 살면서 천황제의 유지가 아직까지도 전쟁 책임을 제대로 지지 않은 것이라는 명확한 이유로 저항할 생각은 하지 못했습니다. 과거 일본이 일으킨 전쟁을 반성하고 사죄한 아키히토 천황을 보며 전쟁 책임을 방기하는 정치인에 비해 그나마 낫다고 여긴 적도 있었지요. 아키히토와 미치코는 '위령의 여행'이라 불리는, 미국과 일본 사이의 격전지인 타이, 말레이시아, 인도네시아, 중국, 사이판, 하와이 등을 방문하면서 일본인 병사뿐만 아니라 상대국의 위령비에도 동시에 참배했습니다. 제가 보기에도 천황의 미소는 인자하고 평화로워 보였죠. 천황이 방문함으로써 결국 침략의 역사를, 그 책임을 잊어버리게 하는 결과를 낳았다고 비판하지는 못했습니다. 애초부터 천황이 대신할 수 없는 책임이라는 걸 알고 있었음에도 불구하고 말이죠.

2019년 5월 1일은 새 천황의 즉위와 함께 '헤이세이平成'에서 '레이와令和' 시대가 된 날이었습니다. 그날 저는 3박 4일 출장으로 긴자 거리에 있었지요. 좁은 골목의 화랑을 바쁘게 오가면서 거리 곳곳에서 레이와를 마주해야 했죠. 붓글씨로 커다랗게 쓴 레이와를 내건 백화점, 축하 깃발이 달린 가로등 사이에서 불편함과 위화감을 느꼈지만, 공포까지는 아니었습니다. 위급 시 연락하라는 영사관 전화번호가 나리타 공항에 내리자마자 도착했고, 초록색 여권을 지닌 저는 대한민국이 지켜 주는 '국민'으로 안전했기 때문이지요. 식민지 지배로 인해 일본에 체재할 수밖에 없게 된 재일조선인이나 천황제에 저항하는 일본인이 느끼는 두려움을, 35년 피지배 역사를 지녔음에도 함께하지는 못했습니다.

2021년 12월 이 글을 쓰며 신문 기사를 찾다가, 레이와 시대가 열리던 날 긴자 거리에 500여 명의 시위대가 있었다는 걸 알았습니다. 사진을 보자 비가 내리고 바람이 불어 5월인데도 꽤 쌀쌀했던 그날의 날씨가 떠올랐죠. 우산을 쓰거나 비옷을 입은 채로 'NO 천황제', '축하하지 않는다', '끝내자 천황제'라고 쓴 팻말과 플래카드를 든 그들을 들여다봤습니다. 2019년 5월 1일 긴자에 함께 있었으나, 함께하지 못했던 얼굴들을 보자 안부를 묻고 싶었습니다. 가네코 후미코, 당신의 이름을 분명 알고 있을 얼굴 하나하나에게.

권력 앞에 무릎을 꿇고 살아가기보다는 기꺼이 죽어 자신의 내면적 요구를 따르겠다던, 나를 죽이는 건 나 자신이 살아 있다는 사실을 증명해 줄 따름이라고 했던 당신의 말 그대로 그들은 가네코 후미코의 얼굴을 하고 있었습니다. 천황제를 반대하던 긴자의 외침 덕분에, 당신이 사형선고를 받고 부른 만세 소리를 들은 듯했다는 저의 안부 역시 그들에게 전하고 싶었습니다.

(2021년 가을)

*   야마다 쇼지 지음, 정선태 옮김, 『가네코 후미코: 식민지 조선을 사랑한 일본 제국의 아나키스트』, 산처럼, 2003, 257쪽 재인용.

**   안재성, 『박열, 불온한 조선인 혁명가』, 인문서원, 2017, 58쪽 재인용.

〈이애라 초상〉, 한지 위에 채색, 210×94cm, 2021

✉ 5

산 7번지는 없지만, 어디에나
있는 이애라의 아기 무덤

✚

헌책방 만유인력에서 찾은 아르카디아와
아현동 만리배수지공원

종일 헤매게 될 줄은 알았지만, 출발점인 아현시장 앞에
서부터 꼬일 줄은 몰랐습니다. 미리 검색해 본 바로는
마을버스 4번을 타야 했는데 3번뿐이었죠. 버스 기사님
에게 4번은 없냐고 묻자 퉁명스러운 답이 돌아옵니다.
"행선지를 말해야지." 맞는 말이지만 저는 머뭇거릴 수
밖에 없었습니다. 예전에 아기 무덤이 있었다는 아현동
꼭대기라고 말할 수는 없었으니까요. 우물쭈물 제 입에
서 '산 7번지'라는 단어가 나오고 말았습니다. 버스 앞좌
석의 한 아주머니가 제 말을 받아 "산 7번지가 어디야?"
하고 주변 사람에게 묻자 아무도 모른다고 합니다.
　곧 출발하려는 버스에 오르자 제가 일으킨 작은 소란

은 잠잠해졌습니다. 저는 버스 맨 앞자리에 걸터앉아 당신을 생각했습니다. 이제는 아무도 산 7번지를 모른답니다. 조선의 토지조사사업이 끝나던 1918년에 지어진 이름이니까 당연한 일인지요. 백일도 되지 않은 당신의 막내딸이 다음 해 이곳 어디에선가 죽었는데, 몇 월인지 무덤은 어디였는지 알 수가 없습니다. 당신 가슴속에는 묘비처럼 세워진 숫자와 장소일 텐데요. 당신이 3·1 운동에 참여했고, 비밀결사인 애국부인회에서 독립운동을 했다는 사실은 아기 무덤을 찾는 데 아무 소용이 없습니다. 태아가 성장함에 따라 변해 갔을 당신의 배 모양을, 7개월이면 배 속에서도 낮과 밤을 분간했을 아이의 눈을 상상해도 마찬가지입니다.

버스 기사님은 이제 비탈길로 올라갈 테니 다들 앉으라고, 그리고 더는 아무 질문도 하지 말라고 하더군요. 그 말을 듣자 저는 더욱 묻고 싶어졌습니다. 15도 정도 몸이 뒤로 기울어진 채로 아현고개를 함께 올라가는 승객에게도요. 고개 어딘가에서 아기를 빼앗겼던 독립운동가 이애라를 아느냐고요. 아기는 엄마 품에서 일본 헌병 손으로 옮겨져 공중으로 떠오르는 순간에도 '죽음'이 무엇인지 몰랐겠지요. 일본 헌병이 아이를 바닥에 내동댕이쳤을 때 비탈길은 깎아지른 절벽처럼 변하고 순식간에 당신은 그 아래로 떨어졌겠지요. 마음이 산산조각 난 채로 헌병에게 끌려가는 당신의 뒷모습이 보입니다.

독립유공자의 생애를 기록해 둔 인터넷 웹사이트 '공훈
전자사료관'에 들어가 '이애라'를 검색하면 그리 길지 않
은 글이 나옵니다. 당신이 공주에서 남편 이규갑과 함
께 학생들을 가르치다가 젖먹이만 안고 서울로 올라온
것은 남편의 3·1 독립운동을 '뒷바라지' 하기 위한 것으
로 쓰여 있더군요. '겉으로 드러나지 않게 뒤에서 보살핀
다'는, 혹은 '먹을 것과 입을 것을 챙긴다'는 뒷바라지의
뜻을 새삼스럽게 사전에서 찾아봤지요. 3·1 운동에 참
여해서 평양경찰서에 구금된 당신의 행적을 뒷바라지라
고 칭하다니 의아했기 때문입니다. 경찰서에서 풀려나온
뒤 당신의 발자취를 따라가 봐도 마찬가지입니다. 이규
갑은 3·1 운동 다음 날부터 일본 경찰의 감시를 피해 잠
적했기에 임시정부 수립과 국민대회 개최를 위한 연락을
담당한 건 당신이었습니다. 은신처에서 회의를 열 수 있
었던 것도 이규갑을 포함한 한남수, 김사국, 홍면희 등
과 비밀리에 만난 당신 덕분입니다.

　이뿐만이 아닙니다. 이규갑이 4월에 상하이로 망명하
자 일본 경찰은 조선에 홀로 남은 당신을 추궁했습니다.
혹독한 고문을 당하면서도 망명지를 발설치 않았고, 석
방되자마자 온전치 않은 몸으로 지방 교회를 돌며 애국
부인회의 임시정부 후원 모금 운동에 나섰습니다. 이 정
도면 뒷바라지가 아니라 목숨 걸고 앞장선 자의 대등한

연대가 아닐런지요.

영하 7도의 날씨에 서둘러 아현동으로 찾아온 건, 당신이 아이를 잃은 날을 상상할 때마다 그곳은 늘 겨울이었기 때문입니다. 하지만 당신이 체포된 건 이규갑이 망명한 이후였을 테니 아마 봄이었겠지요. 훗날 이규갑은 82세에 남긴 유일한 회고록(「한성임시정부수립의 전말: 대한민국 임시정부의 수립과 그 활동」, 『신동아』, 1969년 4월호)에서 한 문단으로 이날을 짧게 회상했습니다.

"(……) 당시 이화학당을 나오고 평양 숭의여학교에서 교편을 잡고 있던 내 아내가 감옥에서 풀려나와 상경하여 나도 만나지 않고 우리 동지들과 합류하였다. 그리고 지방 조직을 하기 위하여 충청 지방과 수원 지방을 돌아다니다가 상경하여 나를 찾아다녔으나 찾을 수가 없으니까 자기 친정 형이 살고 있는 아현동으로 가다가 지금 애오개에서 왜놈 헌병에게 붙잡혔다. 헌병은 아내가 업고 있던 생후 백 일이 미처 못 된 갓 난 딸아이를 빼앗아 길바닥에 내동댕이쳐 죽게 하고 아내를 잡아갔다. 그때 내 아내를 돌보며 뒤따르던 교회 전도 부인이 어린애를 주어 안았지만 이미 죽어 있었다 한다. 애비는 숨어 있고 에미는 잡혀간 뒤 그 아이는 전도 부인의 손으로 아현고개에 묻혔다."

"애비는 숨어 있고 에미는 잡혀간 뒤"라는 구절에서 홀로 숨을 거두고 땅에 묻힌 아이를 향한 죄책감이 느껴지는 건 저뿐만이 아니겠지요. 이규갑이 82세에 남긴 유일한 회고록에서조차 당신을 더 소개하지 않은 것이 아쉬우면서도, 차마 글로 길게 남기기도 괴로운 심정이지 않았을까 추측해 봅니다.

마을버스가 더 높이 올라가길 기대했지만, 싱겁게도 얼마 가지 않아 방향을 돌리더니 되돌아 내려왔습니다. 제가 내린 곳은 '만리동고개'라는 이름이 붙은 정거장이었죠. 고개라는 이름답게 가파른 계단과 그 옆에 지어진 집이 내려다보였지만, 이 정도가 아현동 꼭대기일 리 없어서 다시 거슬러 올라가기로 했습니다. 여러 설이 있지만, 조선시대에 아이 시체를 이 고개 너머에 묻었다고 하여 '애오개', 한자로는 '아현阿峴'이라고 불린 곳을 걷자니, 폭신한 솜이 깔린 신을 신고도 발바닥이 아려옵니다. 이미 이곳 어디에도 아기 무덤이 없다는 걸 알지만, 축대 위 바싹 마른 수풀과 흙무더기를 보기만 해도 걸음을 멈출 수밖에 없었지요.
아이의 죽음이라는 가장 혹독한 시련을 겪고도 당신의 삶에는 체포, 고문이라는 단어가 빼곡합니다. 당신이 공주로 가자 이번에는 공주의 경찰이 당신을 연행해 유

치장에 가둡니다. 또다시 고문하면서 이규갑의 행방을
추궁했지만, 아무것도 발설하지 않고 겨우 풀려나와 아
산으로 피신했다죠. 경찰의 눈을 피해 산에 몸을 숨기고
동네 사람들이 쪄다 준 겨개떡으로 연명했다고 들었습
니다. '겨'라면 베개 속 메밀껍질만 떠올릴 줄 아는 저는
까슬까슬한 감촉을 혀로 느끼려 했지만, 귓가에 바스락
거리는 소리만이 들렸습니다.

저는 보이지 않는 아현동 꼭대기를 찾으며 좀 더 걸었습
니다. 어디로 올라가든 비탈길이 거미줄처럼 끊어질 듯
다시 또 이어졌고, 집들은 서로를 지탱해 주듯 다닥다닥
붙어 있었죠. 층계에는 노란색, 하늘색으로 커다란 발바
닥을 그려 놓았는데 가파른 경사를 오르는 이에게 심리
적 안정감을 주려 한 것일까요. 아래를 내려다보니 조금
전 제가 걸어온 길에서 두 명의 남성이 20대 대통령 선
거 벽보를 붙이는 모습이 보였습니다. 선거 벽보를 보면
서도 100년 전 당신이 몸을 숨겼다는 산은 이 비탈길보
다 더 가파랐을까 하는 생각만 떠올랐습니다. 산에서 손
바닥에 구멍이 날 정도로 큰 상처를 입고도 제때 치료
를 받지 못했으니 당신의 손은 얼마나 부풀고 검게 변했
을런지요. 그 후 두 아이를 키우기 위해 천안의 양대여
학교에서 교사로 일하는 동안에도 경찰서로 연행되었다
풀려나는 일상이 반복되었다고 들었습니다.

〈이애라 초상〉, 종이 위에 연필, 45×31cm, 2021

〈이애라 초상〉, 한지 위에 분채, 48×33cm, 2021

당신이 두 아이를 데리고 러시아로 건너갈 결심을 한 건 1921년의 일이었다죠. 만약 조금 더 일찍 망명할 수 있었다면 다른 결과가 기다리고 있었을까요. 저는 층계 위에 그려진 발바닥 그림을 밟다가도, 그 위로 또다시 이어지는 갈림길을 따라가다가도 헛된 가설을 지그재그 이어 봅니다. 러시아로 가기 위해 서울, 원산을 거쳐 함경북도까지 다다랐지만, 배에서 내리자마자 당신이 또 체포되고 말았다는 기록에서는 한 줄도 더 읽어 내려가고 싶지 않았습니다. 또다시 혹독한 고문을 당할 당신이 바로 앞에 있었으니까요. 결국 숨이 끊어질까 봐 걱정한 일본 경찰이 의사를 불렀는데 그가 당신의 큰조카 이민호였다니요. 서로 알은체하지 않고 몰래 눈빛만 주고받았을 순간을 떠올리면 현기증이 일 정도입니다. 병세가 위독해서 유치장 안에서는 치료할 수 없다는 조카의 말 덕분에 풀려났다는 소식을 듣고도 기뻐할 수는 없었습니다. 블라디보스토크로 건너갔지만, 고문 후유증으로 당신이 곧 세상을 떠난다는 결말을 알고 있었으니까요.

죽기 며칠 전 겨우 만난 남편에게 남긴 말이 "이제 어디 가지 마오. 내가 두 무릎으로 걸어서라도 당신을 도우리다."였다니요. 이규갑은 지난 3년 동안 홀로 아이를 키우며 고초를 당한 아내를 향한 죄스러움과 그리움이 얼마나 컸을지요. 이규갑이 훗날 당신과 같은 이름을 가진 여성과 결혼한 일이 저에게는 우연으로만 여겨지지 않습니다. 이규갑의 유일한 증언록 첫 문단에 '죄책감'이라는 단어가 등장하고, 두 번째 문단은 "나는 죄인이다."로 시작합니다. "나로 인하여 내 처가 죽고 자식이 죽고 친족 일곱 명이 죽었다."라며, 늘 죽은 이들의 '환상'과 함께 산다는 이규갑 역시 33회나 감옥에 들어갔고 끔찍한 고문을 많이 당했습니다.

여기서 잠시, 당신보다 한 살 어렸던 큰조카 이민호의 소식을 전할 수밖에 없겠네요. 당신처럼 3·1 운동 시위에 참여했다가 평양형무소에서 3년간 복역하기도 했던 그 역시 이름이 잊힌 독립운동가입니다. 고문을 당해 세상을 떠났다는 점에서도 당신과 같은 길을 걸었습니다. 당신이 죽고 난 후 중국에서 병원을 경영하며 독립운동을 이어가다가 해방되기 한 해 전에 세상을 떠났으니 더 안타까워 하실런지요. 이규갑이 1968년 아산에 세운 오충비에는 유해를 찾을 수 없는 당신과 이민호의 이름이 나란히 새겨져 있습니다.

이규갑은 '왜적'이 친족을 죽였다고 하면서도 친족이 죽은 건 자신의 죄라고 말합니다. 성한 데라고는 하나도 없는 자신의 몸 또한 불효라고 말합니다. 3·1 운동 50주년을 맞아 『신동아』의 간청으로 유일한 회고록을 남기면서도 선열에게 죄를 짓는 기분이며, 송구스럽다고

한 이규갑은 말보다는 행동이 앞선 분이었겠지요? 공적을 드러내지 않는 성격이다 보니 회고록에서 자신의 처인 당신의 이름도, 업적도 내세우지 않았는지 모릅니다. 그럼에도 불구하고 회고록을 한 장, 한 장 넘길 때마다 당신에 관한 이야기가 더 나오지 않아 실망했다는 사실을 말해야겠네요. 당신이 목숨을 걸었기에 열 수 있었던, 국민대회 13도 대표 명단에는 남성들의 이름만이 빼곡합니다.

저는 두 번째 정거장이었던 영화 〈기생충〉의 촬영지 돼지쌀슈퍼까지 거슬러 올라갔습니다. 슈퍼 뒤로는 〈기생충〉에 등장해서 유명해진 가파른 층계가 보였고, 벽에는 2020년 아카데미상을 받던 순간을 찍은 사진이 붙어 있었습니다. 앞으로도 잊힐 일 없는, 확고한 기록이었죠. 활짝 웃고 있는 감독과 배우들을 보자 1915년 7월에 당신이 찍은 사진이 떠올랐습니다. 웃는 얼굴이 하나도 없는, 공주 영명학교 학생들과 찍은 단체 사진입니다.(田5-1 *p.174*) 햇볕이 쨍한 여름날, 45명의 학생과 함께 벽돌 건물 앞에 섰던 순간을 기억하시겠지요? 당신이 스물한 살 때의 일이네요. 맨 뒷줄에는 당신과 이규갑이 멀찍이 떨어져 있고 당신들의 결혼을 주선한 미국의 선교사 샤프 부인도 보입니다. 영명학교를 세우고 사회복지 사업을 하던 샤프 부인이 1940년 일제에 의해 강제 추방된 사실을 알고 있어서일까요. 비스듬히 하늘을 바라보는 부인의 표정이 어딘지 걱정스러워 보입니다.

「공주 여자야학교 상황」이라는 기사(『매일신보』, 1918년 2월 9일 자)에 따르면 당신에게는 "근근자자하고 일장월취하여 전진지망했던" 30명의 제자가 있었는데 그들 중 누구도 당신에 관해 증언해 주는 사람이 없습니다. 그들이 발언할 기회가 주어지지 않은 삶을 살았다면 그건 또 얼마나 녹록지 않았던 것일지요. 당신이 가르쳤던 소녀들 얼굴 하나하나를 다시 들여다봅니다. 당신의 남편 이규갑과 함께 꿈꿨던 여성 교육은 어떤 것이었을지요. "품성이 현숙, 효순하여 범사에 관후"했다던 당신은 학생들을 어떻게 대했을지요. 이규갑에게 충무공 이순신의 후손으로서 의병으로 나설 것을 독려했던 시어머니 박안라와는 어떤 대화를 나눴을지요. 저의 궁금증은 끝이 없습니다.

　1915년 영명학교 학생과 찍은 사진 속에 13세의 유관순으로 추정되는 인물이 있다는 것은 최근 신문 기사를 통해 알았습니다. 아직 확정할 수는 없다지만, 제 눈에도 눈매와 콧망울이 유관순처럼 보입니다.(田5-2 *p.174*) 저는 왼편 맨 뒷줄에 선 당신과 오른편 세 번째 줄에 선 소녀의 얼굴에서 눈을 뗄 수가 없습니다. 카메라를 응시하는, 다소 무뚝뚝해 보이는 표정과 굳게 다문 나머지 아래로 처진 입매까지 닮았습니다. 번갈아 볼수록 닮아 가는 두 얼굴을 보면서 4년 뒤 당신들에게 찾아올 봄에서 벗어날 수 없습니다.

제가 보고 있는 건 훗날 눈앞에서 자신의 아이가 죽는 걸 봐야 했던 스승 이애라와 자신의 부모가 죽는 걸 봐야 했던 제자 유관순의 얼굴입니다. 스승과 제자는 1919년 평양과 서울·천안에서 각각 3·1 운동에 참여했고, 둘 다 고문을 당해 1922년, 1920년에 삶을 마감했습니다. 스승은 스물여덟, 제자는 열여덟의 나이였지요. 당시 독립운동가의 많은 삶이 그러했겠지만, 당신 둘이 겪어 낸 고통과 시련 역시 닮았습니다. 다른 건 죽음 이후입니다. 한 명은 잊히고, 한 명은 기려졌습니다.

유관순의 어머니, 아버지의 이름은 이소제, 유중권이고, 1919년 평화시위를 무력으로 진압한 병천 헌병 주재소장 이름은 고야마小山입니다. 이소제와 유중원이 죽기 전에 본 마지막 풍경에는 일본 헌병의 창에 찔리고 머리채를 잡힌 채로 끌려가는 유관순이 있었습니다. 딸의 뒤를 쫓으며 만세를 불렀다는 사실이 어윤희의 증언을 통해 전해지지만, 당신이 아이를 빼앗긴 아현고개에서는 어떤 일이 일어났는지 자세히 알 길이 없습니다. 당신을 뒤따르던 교회 전도 부인 유득신이 아이를 아현고개에 묻어 주었다는 것 외에는 죽인 자의 이름은 알 수 없습니다. 해방 후에 '발굴'되어 그나마 증언과 기록이 남은 덕분에 유관순은 지금도 살아 있지만, 당신은 죽은 후에 다시 죽었습니다.

아현고개를 서성인 지도 2시간이 지났습니다. 저는 마을버스를 타고 올랐던 손기정로 위에 서 있었습니다. 제 발밑에는 노란 사각형 안에 '여성 안심 귀갓길'이라고 쓰인 큼직한 글자가 놓여 있었죠. 실은 안전하지 않으니 지켜 주겠다는 약속 위에서, 집으로 돌아갈 수 없었던 당신의 1919년 봄이 떠올랐습니다. 슬슬 집에 돌아갈 시간이라고 생각하며 몸을 돌렸을 때 '만유인력'이라고 쓰인 파란색 간판이 눈에 들어왔습니다. 비탈길에 서 있는 책방에 '우주의 모든 물체끼리 서로 끌어당기는 힘'이라는 이름을 붙이다니. 비탈에서도 우리의 몸이 굴러떨어지지 않는 일을 새삼 놀라게 만드는 작명 솜씨에 감탄했습니다. 어쩌면 '여성 안심 귀갓길'보다도 더 안심이 되는 이름이었지요.

이애라, 이규갑, 이민호, 유관순, 어윤희, 지금도 서로를 강하게 끌어당기고 있을 이름을 떠올리며, 저는 만유인력으로 걸어갔습니다. 휴업 중이라는 쪽지를 붙인 문 안을, 우주처럼 어둑어둑한 공간을 잠시 들여다봤습니다. 그때 흰 손이 눈앞으로 쑥 다가오더니 유리문을 밀었습니다. "멀리서 오신 것 같은데 둘러보세요." 1919년과 1922년 사이 어디쯤엔가 있던 저는 주인장의 말이 틀리지 않아 안으로 들어갔지요. 곧 기차를 타러 나가야 한다는 그가 드립백 커피를 하나 선물로 주고 짐을 싸는 동안, 책 두 권을 골랐습니다. 친절한 그에게 '산 7번지'를 묻자 역시 모른다고 합니다. 다만 아현동에서 가장 높은 곳이라면 바로 근처라면서 갈림길까지 안내해 줬습니다.

그의 말대로 커다란 수도꼭지 조형물을 지나자 헤맬 것도 없이 만리배수지공원이었습니다. 녹색 인조 잔디가 깔린 테니스장과 벤치가 놓인, 작지만 쾌적한 공간이었죠. 팔을 앞뒤로 흔들며 규칙적인 보폭으로 트랙을 도는 아주머니가 보였습니다. 그곳에서 아래를 내려다보자니 빽빽한 지붕에 가려 조금 전까지 제가 돌아다닌 길은 하나도 보이지 않았습니다. 사진 한 장 남지 않았거나 스스로 증언하지 못했고, 증언해 줄 이가 없는 독립운동가의 삶이 사라진 것처럼요. 하지만 보이지 않아도, 골목에서 만난 검은 고양이도, 발바닥 그림이 그려진 층계도 그 속에 있다는 걸 알고 있었습니다. 그건 마치 사라진 것처럼 보이지만, 당신들이 내준 길 덕분에 제가 아현동 꼭대기에 올라 전혀 다른 풍경을 보는 일과 닮았습니다. 이미 사라진 당신들의 흔적을 찾는 일이 때로는 소용없다는 걸 알아도 무용하지 않다는 걸 깨닫는 일과도요. 아현고개에 더는 아이 무덤이 없다는 걸 알면서도 2시간 동안 수풀과 흙으로 덮인 공터를 찾아다니자 그 모든 곳이 당신 딸의 무덤처럼 보였으니까요.

저는 만유인력에서 산 책 『아르카디아에도 나는 있었
다』를 가슴에 안고 있었습니다. 당신의 삶과 정반대되
는 첫 문단에 놀라서 산 듀나의 소설이었죠. 표지를 열
어 첫 문장을 다시 읽기 시작했습니다.

눈을 떠보니 천국이었다.
화사하게, 밝지만 눈이 부실 정도는 아닌 사파이어빛
하늘, 솜사탕 모양으로 군데군데 떠 있는 하얀 구름,
얼굴을 간질이는 산들바람….

저를 어디로 이끌지 전혀 예상할 수 없는 SF 소설의 첫
문장을 읽자니 한 번도 가본 적 없는 블라디보스토크
가 궁금해졌습니다. 가을처럼 선선해서 여행하기에 좋
다는 블라디보스토크의 9월을 상상하는 제 뺨에는 아
현동 꼭대기에서 부는 영하 7도의 바람이 와 닿았습니
다. 당신이 마지막 숨을 내쉰 1922년 9월의 블라디보스
토크는 어땠는지요. 당신이 다시 눈을 뜬 어딘가가 있다
면 부디, 라는 마음으로 소설의 첫 문장을 추념의 말처
럼 한 번 더 읽었습니다.

(2022년 봄)

〈최용신 초상〉, 한지 위에 채색, 210×94cm, 2021

✉ 6

"둘도 없는 종,
둘도 없는 여왕" 최용신

✝

당진의 바닷가와
안산의 최용신기념관

순서가 잘못되었다는 생각이 든 건 서울을 떠난 지 다섯 시간이 지나서였습니다. 당진을 향해 출발할 때만 해도 심훈의 묘를 들러 당신의 묘로 향하는 동선이 가장 합리적으로 보였죠. 그날 아침만 해도 계획에 없던 여행이었기에 서둘러 책을 챙겼지만, 심훈의 『상록수』는 일부러 넣지 않았습니다. 심훈기념관을 먼저 가기는 해도 어디까지나 최용신기념관이 최종목적지가 되는 여행이었으니까요. 운전대는 C가 잡았고, 저는 무릎 위에 『최용신 평전』과 『샘골 사람들, 최용신을 말하다』를 올려 두고 1박 2일 일정을 시작했습니다.

장마가 끝난 다음이라 놀랄 정도로 하늘은 파랗고

깨끗했습니다. 올해 첫 여름 휴가이기도 해서 제 마음은 이미 당진의 바닷가에 도착했지만, 몸은 서울을 쉽사리 벗어나지는 못했습니다. 꽉 막힌 도로 위에서 고개를 들면 도심 어디서나 볼 수 있는 아파트와 고층 빌딩이 이어졌습니다. 무채색 차량으로 뒤덮인 아스팔트를 바라보다가 건물 사이로 갑자기 거대한 여성이 등장했을 때 시선을 모조리 빼앗긴 건 당연한 일인지요. 반짝이는 은색 드레스를 입고 빨간색 립스틱을 바른 모델은 여신처럼 위풍당당했습니다. 신세계백화점이 건물 외벽에 내건 대형 전광판의 위력이었죠.

광고가 흔해진 지금도 이럴진대 국내 첫 백화점인 미쓰코시가 세워진 1930년의 경성은 어땠을까요. 양복, 건축, 핸드백 등 신문물을 진열한 쇼윈도와 엘리베이터, 옥상의 커피숍은 얼마나 많은 이에게 마법 같은 순간을 선물했을까요. 서울에서 빠져나오지 못한 탓인지 자꾸만 당신이 선택하지 않은 1930년대의 '경성'이 떠올랐습니다. 아울러 백화점 쇼핑에 푹 빠진 여학생을 비야냥대던 「1930년 여름」(『조선일보』 1930년 7월 19일 자)이라는 기사도요. 여름방학을 맞은 여학생들이 귀향 열차를 타기 전에 서로 인사를 나눌 여유도 없이 백화점으로 가는 모습을 우스꽝스럽게 그려 낸 신문 삽화도 그녀들을 비웃는 데 힘을 보탭니다.(田6-1 *p.175*) 부모에게 주는 선물인지 자기 화장품을 사는 건지 모르겠지만, 그래 봤자 부모가 주는 돈을 쓰는 게 아니냐는 기사 속 비판이 이해되면서도 여학생의 들뜬 마음에 감정이입이 되기도 했지요.

백화점뿐만 아니라, 냉난방시설과 욕실을 갖춘 아파트가 세워지고, 경성의 집값이 폭등한 것도 이맘때입니다. 사람들은 경성으로 몰려드는데 당신은 신여성으로서 누릴 수 있는 안락한 도시의 삶을 버리고 농촌계몽운동에 뛰어듭니다. 농민을 문맹에서 벗어나게 하는 일을 자신의 '책임'이라고 언급한 당신은 고작 19세였지요. 루씨여자고등보통학교를 우등으로 졸업하던 해, 당신을 인터뷰한 기사에서도 당신의 마음은 확고합니다.

"중등교육을 받은 우리가 화려한 도시 생활만 동경하고 안일의 생활만 꿈꾸어야 옳을 것인가? 농촌으로 돌아가 문맹 퇴치에 노력해야 옳을 것인가? 거듭 말하노니 우리는 손을 서로 잡고 농촌으로 달려가자." (최용신, 「교문에서 농촌으로」, 『조선일보』, 1928년 4월 1일 자)

농촌이 '문맹'에서 벗어나는 것을 제일의 목표로 삼은 당신은 학교를 짓기 위해 지게를 졌고, 학생들에게 학용품을 사 주려고 밭에 나가 김을 맸습니다. 농민이 전 국민의 80퍼센트를 차지하던 시절이었으니 당신은 얼마나 많은 사람을 책임지려고 했던 것인가요. 쇼윈도와 가로 등, 네온사인이 뿜어 대는 경성의 불빛을 뒤로하고, 당신은 스스로 '암흑'이라고 칭한 농촌으로 향합니다.

당신이 농촌계몽운동에 뜻을 두게 된 데에는 협성여자 신학교 시절 황에스더 선생님의 영향도 빼놓을 수 없겠지요. 농촌사회 지도 교육을 담당했던 황에스더는 "이론을 익히는 것에서 그치지 말고 현장에서 직접 체험해야 한다."고 강조했다죠. 3·1 운동이 폭력으로 탄압 당해 좌절되자, 자주적인 독립의 방법으로 농촌을 개혁해야 한다는 사회적 관심이 높아진 점도 언급해야겠지요. 무엇보다 '농촌계몽운동'을 향한 당신의 결심이 더욱 확고해진 것은 1929년 여름방학 첫 농촌 실습 때 무관심과 푸대접을 받았기 때문입니다. 토지조사사업과 산미증식계획으로 농민이 빼앗긴 것은 토지뿐만이 아니라 무언가를 개선해 볼 의지였으니까요. 당신은 무기력에 빠진 농촌 속으로 '단기'가 아닌 '장기'로 들어가 활동해야 한다고 깨닫습니다.

　당신은 학업까지 중단하고 1931년 샘골로 향하지만, 처음부터 도시에서 온 낯선 신여성이 받아들여진 것은 아니었습니다. 위생과 생활 개선의 중요성을 말하면 주민들은 "파리에 물려 죽은 놈 하나도 없는데 무엇을 안

다고 이러니저러니 하냐."고 핀잔을 주었다죠. 훗날 든
든한 후원자가 된 염석주조차도 당신을 처음 보고 "날
고 기는 놈들도 농촌에 와서 실적을 못 내는 시절에 너
같은 계집애가 무엇을 해 보겠냐고 경멸을 보냈다."고
고백했지요. 별로 놀랄 만한 일은 아닙니다. 그들에게
당신은 "책상물림의 젊은 처녀"였고, "'세상 물정 모르는
젊은 여자'였을 테니까요. 1930년대 여성을 향한 뿌리
깊은 차별과 편견은 발에 차이는 돌멩이처럼 얼마나 흔
했을까요?

　놀라운 일은 훗날 일어났지요. 지원자가 늘어나 오
전·오후·야간반으로 늘렸을 때, 낮에는 어린아이들이,
밤에는 부인·총각·할머니가 강습소로 몰려들었습니다.
변화의 전환점 중 하나가 당신이 연 '추석놀이 대회'였다
는 사실은 매우 흥미롭습니다. 장소는 예배당, 달 밝은
추석을 맞아 '독창, 합창, 춤, 연설, 이야기, 연극'으로 이
어지는 무대가 준비되었다죠. "공작새처럼" 차린 아이
들이 나비처럼 춤을 추고 손을 맞잡고 노래를 부릅니
다. 20리나 되는 산길을 넘어 구경 온 사람들 모습을 떠
올리면 지금도 흥겹습니다. 식민지 민중이 피부와도 같
은 무기력과 분노를 벗어 던진 날이었을 테니까요. 배우
고 익히자 눈부시게 변한 아이들을 바라보는 부모의 눈
빛이 그보다 더 반짝였겠죠. 그날 밤, 샘골은 네온사인
과 쇼윈도로 불야성을 이룬 경성보다 더 환하지 않았을

까요.

　자녀의 성장을 보고 놀란 부인들이 학교 건립을 위해 300원을 헌금했을 때 어떤 심정이셨는지요. "문화에 눈이 어두운 '구여성'만 모인 농촌이 '암흑'에서 진보되지 못하면 이 사회는 완전한 발전을 이루지 못할 것"이라고 한탄했던 당신입니다. 누구보다 '구여성'이 앞장섰을 때, 한 명이라도 더 많은 학생을 수용할 수 있는 학교 건립으로 당신의 마음은 달려갔겠죠. 게다가 300원은 부인친목계에서 수년간 아껴서 저축한 전액이었으니 얼마나 귀중했을런지요. 동시에 학교 건립에는 또 얼마나 적은 액수였습니까. 당시 모던 보이, 모던 걸이 데이트 코스로 선망하던 미쓰코시 백화점의 런치 세트가 1원 50전이었다고 하니, 당시 300원은 고작 200명이 모여 한 끼 런치를 먹을 정도의 금액이었네요. 게다가 당신은 헌금 전액을 받을 수 없다며 반은 돌려보냈다고 들었습니다. 학교를 하루빨리 짓기 위해 당신은 점심, 때로는 저녁까지 굶어 가며 매일 산을 넘어 이 동네, 저 동네로 기금 모집을 하러 다녔다지요. 팔다리에 힘이 없어 제대로 걷지 못하는 각기병을 앓으면서도 말이죠.

당신의 사진을 보면 다른 학우보다 한 뼘 이상 키가 크고, 골격도 왜소하지 않아 보입니다. 하지만 비타민 B1과 영양실조로 인한 각기병을 오래 앓았고, 천연두를 앓은 흉터가 얼굴에 남아 아이들이 놀리기도 했다죠. 학창시절에 따돌림을 당해서일까요. 학생들과 식물로 인형을 만들거나 질그릇 조각으로 소꿉놀이를 해 주는 '친구 같은 선생님'이었다고 들었습니다. 교육 방식뿐만 아니라, 당신은 연애에 있어서도 신여성이었습니다. 같은 마을의 후배이자 농촌계몽운동의 동지였던 김학준과의 약혼 과정을 봐도 그렇더군요. 김학준의 집안에 문벌이 없다는 이유로 큰아버지가 결혼을 반대하자, 당신은 청혼을 받아들인 이유를 조리 있게 설명했다죠. "조선 여성이 반만년 동안 암흑에 묻혀 자기의 개성조차 망각하고 말았다."라고 한탄했던 당신입니다. 당신이 지키려고 했던 건 여성의 개성만이 아닙니다. 점차 당신을 믿고 따르게 된 샘골 사람들이 싸우다 머리가 깨져도, 심지어 부부 싸움을 하다가 찾아와도 절대로 앞으로 나서지 않았다고 들었습니다. 샘골 주민 스스로의 판단으로 일을 해결해 나가기를 원했기 때문이었겠지요.

드디어 학교 터를 닦기 시작한 날은 당신이 샘골에 온 지 1년이 지난, 10월 중순이었습니다. 강변에 나가 조약돌과 흙을 직접 파 와 담을 쌓고, 대패질까지 하는 당신의 모습을 지켜보다가 하나둘씩 팔을 걷고 곁으로 다가왔을 사람들 표정이 궁금합니다. 700원도 채 안 되는 건축비로 3개월 만에 '천곡(샘골) 학원'의 준공식을 열 수 있었던 이유니까요. 일본 당국이 학생 정원을 60명으로 제한한 가운데에도, 당시에는 '노파'로 불렸던 오십, 육십 대도 책을 끼고 학교로 몰려들었다고 하죠. 샘골 근처에 문맹자가 없어졌으니 이제 당신이 슬퍼하는 건 자신의 '무지'였다고요. 더 체계적인 농촌계몽운동을 위해 일본의 고베여자신학교에 입학하지만, 각기병이 악화되어 유학 생활은 6개월 만에 끝이 나고 맙니다. 샘골 주민이 "최 선생이 아파서 누워 있어도 이곳에서만 계셔주면 우리의 생활은 빛납니다."라고 하니, 당신은 병든 다리를 끌고 샘골로 향합니다. 샘골 주민에게 '생활이 빛난다'는 표현은 상투적인 비유법이 아니었겠죠. 당신 덕분에 '무지', '무기력'이라는 '암흑' 속에서 처음 빛을 본 사람들 입에서 나온 말이니까요.

서울을 벗어난 지 한 시간이 넘었을 때, 책 속에서 당신은 26세로 짧은 생을 마쳤습니다. 당신의 약혼자가 "왜 당신은 다른 현대 여성이 다 갖는 허영이 조금이라도 없었냐."며 관 위에 엎드려 통곡할 때, "우리 선생 본 듯이 두고 보겠다."라고 학생들이 울며 당신의 베개나 신발까지 싸 가지고 갈 때, 저는 수원시를 통과하고 있었습니다. 책을 덮고 창문을 열자 차에 갇혀 있던 학생들의 울음소리가 밖으로 퍼져 나가는 듯했지요. '수원'이라고 쓴 표지판을 보자 수원경찰서 앞에서 3·1 운동을 벌인 기생 김향화와 당신의 얼굴이 겹쳐 떠올랐습니다. 수원

〈최용신 초상〉, 종이 위에 연필, 45×31cm, 2021

〈최용신 초상〉, 한지 위에 분채, 48×33cm, 2021

〈최용신 초상〉, 한지 위에 분채, 48×33cm, 2021

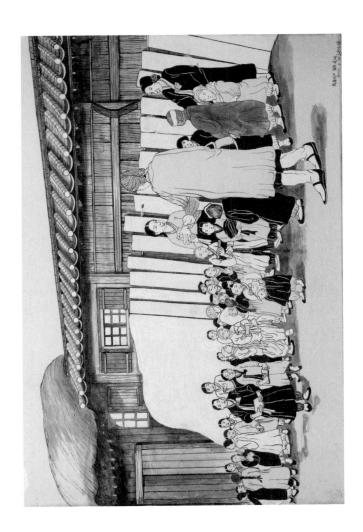

〈평양감사연〉의 관민 환영

의 바람을 얼굴에 맞으며 서대문형무소에 갇혀 고문을 받고 그 후 행적조차 알 수 없는 김향화의 안부가 다시 궁금하더군요. 햇수를 헤아려 보니 1919년, 그해 김향화는 스물셋, 당신은 열 살이었네요. 당신은 그나마 투옥되지 않아 다행이라며 위로로 삼으려는데 삼십 분도 지나지 않아 "수원경찰서에 끌려가 선생님이 심한 구타를 당했다."는 제자의 증언을 읽습니다.

당신이 시간표에 우리말을 꼭 '국어'로 적게 한 것이 발각되었기 때문이죠. 우리의 국어는 '일본어'가 아니라 '조선어'라고 가르친 당신이 무사할 리가 없다는 걸 예감하면서도 휴가를 즐기는 편안한 여행자의 마음이 되고 싶었던 걸까요. 이름조차 몰랐던 독립운동가에 관해 쓰기 시작하면서 종종 죄책감을 느꼈지만, 당신에게는 더욱 강하게 얽혀 있습니다. 당신의 이름을 처음 안 것은 『상록수』를 읽은 열세 살 때였지만, 더 알려고 하지 않았기 때문이지요. 소설에 압도당한 나머지, 주인공의 실존 인물이 있다는 걸 알고 실망했을 정도니까요. 주인공 '채영신'이라는 이름이 '최용신'보다 예쁘다는 생각이 든 순간부터, 저는 소설가가 무언가를 꾸며 냈다는 당연한 사실에서 눈을 돌리고 싶었습니다.

하지만 저와는 달리 샘골 사람들은 남녀의 사랑 이야기로 전개된 『상록수』에 불만을 가졌다고 하네요. 당신이 사랑한 대상은 농촌 샘골이자 더 넓게는 민족 전체였다는 이유에서였습니다. 당신을 "실제 인물이 아닌 가상 인물로 취급하는 것에 격분"해서 소설 속에 갇힌 최용신 선생의 진실을 되살리고자 연구를 한 분도 있었습니다. 당신을 독립유공자로 추서하려고 했을 때 접수처 직원이 왜 소설에 나오는 주인공을 독립유공자로 신청하냐고 반문했을 정도니까요.

저 역시 당진을 거쳐 안산으로 가는 일정이 '최용신'을 소설 속 '채영신'과 분리하고, 당신을 제대로 애도하는 과정이 되리라고 기대했습니다. 심훈기념관과 2킬로미터 떨어진 숙소를 예약하고, 심훈이『상록수』를 썼던 바닷가를 먼저 방문하기는 해도 어디까지나 최용신기념관이 최종목적지가 되는 일정이었죠. 저는 당신의 삶을 반추하기에 딱 적당한, 고요하고도 적막한 바닷가를 기대하며 한진포구로 나갔지만, 제 예상은 보기 좋게 빗나갔습니다.

특히 저녁 식사를 하려고 들어간 바닷가 횟집은 평생 기억에 남을 만했지요. 야외 테이블에 자리를 잡자 제 옆 손님은 핸드폰 거치대를 설치하더니 '먹방'을 시작했고, 앞쪽 좌석의 남자는 연신 배불러 죽겠다면서도 접시를 비워 냈습니다. 유튜버와 계속 먹는 남자가 경쟁적으로 목소리를 높여서 다른 손님들의 눈총을 받을 때, 대각선 방향 테이블에서는 담배를 피워 옆 손님과 싸움이 일어났습니다. 바닷가를 돌아다니는 고양이에게 껍질까지 까서 새우를 줬지만 먹지 않는다고 실망한 중년 여성까지, 다 저의 예상을 벗어나도록 잘 세팅된 연극 같다는 생각까지 들었습니다. 심지어 먹을 것이 넘쳐 나 새우를 거부한 고양이까지도요. 저는 이 모든 상황이 흥미로우면서도 난처한 기분이 들었습니다.

가난과 영양실조로 얻은 각기병뿐만 아니라, 아랫부분의 창자가 윗부분의 창자로 들어가는 '장중첩증'이라는 당신이 앓은 병명들이 연이어 떠올랐거든요. 횟집에서 나와 바닷가에 높게 솟은 공장 굴뚝을 바라보면서 이런저런 생각에 빠졌습니다. 대기오염물질 배출량 전국 3위라는 불명예를 얻은 한진포구, 이제 거의 제로에 가까운 문맹률… 모두 식민지의 수치와 모욕을 씻어 내려는 듯 경제적 성공을 향해 달려온 결과입니다. 아무래도 최용신기념관을 먼저 들르는 게 나았겠다는 생각도 스쳐 지나갔습니다. '영양 과잉'과 '과도한 발전'을 우려하는 흔한 풍경 속에서 당신을 제대로 애도하는 방법을 찾지 못했기 때문이겠지요.

다음 날 아침, 저는 예정대로 당진에서 안산으로 향했습니다. 최용신기념관에 도착해 입구의 층계를 오르면서 이제 당신에게만 집중해야겠다고 생각했지요. 하지만 일 분도 지나지 않아 '최용신'과 소설 속 '채영신'을 분리해서 떠올리는 것이 저에게는 불가능하다는 걸 깨달았습니다. 기념관이 소설 이름에서 따온 '상록수 역'의 '상록수 공원' 안에 위치해서가 아니라, 당신과 주민이 함께 심었다고 전해지는 향나무 때문이었죠. 나뭇가지는 커다란 C 자 모양으로 구부러진 탓에 굵은 철봉으로 받쳐 있었습니다. 나뭇가지 방향으로 고개를 기울이다가 저도 모르게 미소를 짓고 말았지요. '마치 교실에서 쫓겨난 아이를 한 명이라도 더 앉히려고 팔을 벌리고 있는 모양'이라고 생각했던 건 『상록수』 덕분이었죠.

최용신기념관을 둘러보고 서울로 돌아오자마자 책장에서 『상록수』를 꺼내 읽기 시작했습니다. 어쩌면 이미 중학교 1학년 여름방학 때 제대로 된 애도를 마쳤는데, 다만 방법을 잊어버렸을 수도 있다는 깨달음 때문이었죠. 일본 경찰이 학생을 80명만 남기고 나머지는 집으로 돌려보내라는 강압적인 명령을 내렸던 날을 기억하시겠죠? 예배당이 좁아 안전하지 않다는 이유에서였습니다. 당신에게 무리하게, 서둘러 학교를 짓게 만든 날이기도 했죠. 『상록수』에서도 이날이 등장합니다. 소설 속 당신은 잠 못 이룬 채, 다음 날 아침 학교로 향합니다. 현기증을 느끼며 학교에 온 순서대로 80명만 남기지만, 쫓겨난 아이들은 계속 공부를 가르쳐 달라며 당신의 치맛폭이 찢어질 정도로 매달리지요. "차라리 예배당 문에 못질을 하는 한이 있더라도" 아이들을 쫓아내지 못하겠다고 소설 속 주인공이 밤새 괴로워했던 걸 알기에, 독자 역시 숨이 막힙니다. 쫓겨난 아이들은 집으로 돌아가지 않고 담과 뽕나무 위로 올라가 교실 안을 들여다봅니다. 그 모습을 본 당신은 아이들이 공부할 수 있도록 칠판을 떼어 교실 밖을 향해 놓습니다.

신문에서는 겨우 몇 문장으로 기사화된 이날의 일을 심훈은 무려 10페이지에 걸쳐 서술합니다. 설령 현실에서 당신의 옷이 찢어지지 않았대도, 아이들이 나무에 열린 열매처럼 닥지닥지 앉지 않았대도 그중 하나라도 진실이 아닌 것이 있을까요. 나무에 오르고 담장에 매달린 아이들은 목구멍이 찢어져라 하고 글을 읽습니다. 모든 광경을 지켜봤을 향나무를 뒤로하고, 저는 기념관 옆에 위치한 당신의 묘로 향했습니다.

걸어서 이삼 분 거리인 묘에 도착하자마자 비석에 '농촌 사업가 최용신 선생'이라고 쓰인 글자가 제일 먼저 눈에 들어왔습니다. 오른편에는 당신의 봉분보다 낮은 묘가 하나 더 있었지요. 유언으로 자신의 부인에게 양해를 구하고, 옆에 잠든 당신의 약혼자 김학준의 묘였습니다. 김학준은 당신이 세상을 떠나고 나서 교사로 일하다가 1962년부터는 샘골고등농민학원 이사장을 맡아 당신의 뜻을 이으려 노력했습니다. 그런데 소설 속 주인공 '박동혁'의 실제 모델은 김학준이 아니라 심훈의 조카라는 설이 널리 알려져 있지요. 그럼에도 불구하고 김학준의 비석 옆면에 '상록수의 약혼자'라고 쓰여 있어서 잠시

제 눈을 의심했습니다. 왜 『상록수』는 이토록 현실에서 강력한 힘을 발휘하고 있는 걸까요.

　『상록수』가 출간되자, 당신을 소설 속 주인공처럼 연애나 했던 인물로 폄하했다는 비판이 있었지만 제 생각은 조금 다릅니다. 이제까지 읽은 가장 로맨틱한 소설 리스트에 『상록수』가 아직도 남아 있는 건 주인공이 사랑을 선택하지 않아서였지요. 현실의 당신도 마찬가지였습니다. 김학준이 여러 차례 결혼하자고 청했어도, 농촌계몽운동을 더 체계적으로 모색해야 한다는 이유로 뒤로 미루고 거절했으니까요. "죽어도 다른 사람을 위해 죽게 하소서." 신앙심이 깊은 당신의 새벽 기도 같은 삶이었습니다.

매미 소리가 울려 퍼지는 땡볕 속을 걷자니 『상록수』를 처음 읽었던 중학교 1학년 여름방학이 떠올랐습니다. 억지로 읽기 시작했던 독후감 숙제가 평생 잊히지 않는 소설이 되리라는 걸 상상이나 했을까요. 인생이란 예상을 벗어나는 일투성이라는 진실을 알려 주는 게 소설의 큰 미덕이라면, 그 점에서도 완벽했지요. 『상록수』를 읽다 말고 화장실로 뛰어가 변기 물을 내리며 울었던 그해 여름도 피서를 떠났겠지만, 장소는 기억나지 않습니다. 반면 『상록수』 속 바다는 이제까지 가 본 어떤 근사한 여행지보다 더 생생합니다. 손에 잡히는 모래는 까슬하고,

바다는 어둡고, 커다란 소리를 내며 파도치고 있으니까요.

저는 『상록수』를 다시 읽으면서 심훈이 당신의 행동을 되살리기 위해 얼마나 많은 동사를 적어 넣었는지 새삼 놀랐습니다. '다니다', '짓다', '가르치다', '시작하다', '옮기다', '나르다'…… 지금도 당신이 계속 움직이고 숨쉬는 이유입니다. '붓으로 밭을 일구는 집'이라는 뜻의 '필경사筆耕舍'를 지은 심훈은 그곳에서 쓴 200자 원고지 1,500매로 당신을 영원히 살게 만들었죠. 심훈은 자신이 할 수 있는 최고의 방식으로 당신을 애도하기에 성공했습니다. 덕분에 당신의 동사가 얼마나 새로운 동사를 만들어 냈는지도 깨달았지요.

샘골 주민은 농사를 짓다가도 학교를 '지었고', 우편배달부는 매번 당신에게 밥상을 받기가 미안해서 '도망쳤습니다'. 부인들은 공부하러 오지 않는다고 당신에게 야단맞기 전에 "초저녁에 아주 때우는 것이 낫지!"라며 책을 끼고 학교로 '갔지요'. 당신은 샘골에서 목사 노릇도 하고 때로는 의사, 서기, 재판장 노릇까지 해서 "둘도 없는 종, 둘도 없는 여왕"이라고 불렸다죠. 당신이 '종'이 되어 섬긴 대상은 농민, 여성, 아이, 모두 약자였습니다. 그리하여 '종'이 되기로 결심하자 결국 '여왕'이 되는 삶의 근사한 아이러니를 보여 줬습니다.

(2022년 여름)

〈차미리사 초상〉, 한지 위에 채색, 210×94cm, 2021

✉ 7

'섭섭이'에서 '김미리사',
그리고 '차미리사'로

✝

안국동 감고당길과
쌍문동 덕성여자대학교

안국동 감고당길로 쏟아져 나오는 학생들을 보며 잠시
의아했습니다. 오전 11시면 수업이 한창일 시간이 아닌
가 싶었죠. 서울공예박물관에서 정독도서관까지 당신
과 조용히 걸으려던 길에 "안녕, 잘 가."라는 인사와 웃
음소리가 가득했지요. 100미터 남짓 더 올라 덕성여자
고등학교의 플래카드를 보고 나서야 3월 2일이라는 걸
깨달았습니다. 이미 입학식은 끝이 났고, 학부모와 학생
들은 운동장에서 기념사진을 찍고 있었지요. 그들 뒤로
보이는 흰 건물이 1930년 항일 학생운동의 현장을 찍은
흑백사진 속 모습 같아 이끌리듯 다가갔습니다. 잠깐이
었지만 학생들이 "광주학생사건 동정 만세"라고 함성을

지르며, 교문 옆 판자벽이나 창문을 부수는 모습이 제 눈앞에 펼쳐지는 듯했지요.* 근화여학교 학생 300여 명이 뛰어나오던 길에 서서 그날 경찰에 검거된 학생들의 이름을 떠올려 봅니다. 최성반, 김순례, 김금남, 이충신, 김귀인복, 김연봉… 대부분의 학교는 학생운동에 동참한 학생들을 퇴학이나 무기정학, 근신으로 처분했지만, 근화여학교는 교장이 단 한 명의 학생도 처벌한 예가 없었다고요.

근화여학교를 닮은 흰 건물을 향해 교문 안쪽으로 겨우 몇 발자국 몸을 들였을 뿐인데 수위실 문이 열렸습니다. "외부인은 출입하실 수 없습니다."라는 안내를 받고 금세 돌아 나왔지만, 실은 그분과 좀 더 이야기를 나누고 싶었지요. 덕성학원의 설립자인 '차미리사'에 관한 글을 쓰고 있다며, 잠시만 교정을 봐도 되겠냐고 물어봤을 때 되돌아왔던 아리송한 표정 때문입니다. '차미리사'가 설립자라는 이야기를 들어서였는지, 혹은 잠깐 운동장에 서서 보는 정도는 허가해 줄까 고민한 건지 궁금했거든요. 아마도 후자였겠지만, 당신이 덕성학원의 설립자라는 사실이 오랫동안 잊혔다는 사실을 아는 탓에 들었던 생각이겠지요.

다시 교문 밖으로 나오니 맞은편 중학교 운동장에서는 서로의 엉덩이를 부딪치며 요즘 인기 있는 걸 그룹의 춤을 추는 대여섯 명의 학생이 보였습니다. 춤을 추다가 지나가는 선생님을 향해 "어, ○○ 쌤!" 하고 부르는, 무람없고 상쾌한 호칭에 놀라 잠시 당신을 잊기도 했습니다.

길 하나를 사이에 두고 마주 보고 있는 덕성여중과 덕성여고를 지나 아트선재센터 방향으로 발걸음을 옮겼습니다. 꽃다발을 든 학부모와 학생은 하나둘씩 돈가스 집, 국숫집으로 사라졌지만, 저는 길을 더 올라가 보기로 했습니다. 중학교 때 처음 발을 디뎠던 정독도서관의 모습이 궁금하기도 했지만, '여성독립운동가길'을 마저 걷고 싶었거든요. 2020년에 생긴 새 이름을 몰랐기에 '여성독립운동가길'로 걸은 건 그날이 처음이었습니다. 아트선재센터 앞에 '감고당感古堂길'과 '여성독립운동가길'이라고 쓴 두 개의 팻말이 나란히 달려 있다는 것도 처음 알았지요. 전자는 영조가 자신의 어머니가 모셨던 인현왕후의 거처를 보며 감회에 젖어 '옛날을 느낀다'며 지은 이름, 왕이 친히 쓴 편액으로 250여 년을 살아남은 이름입니다. 후자는 3·1 운동의 정신을 이어 근화여학교를 설립한 당신과, 항일 학생운동에 참여한 수백 명의 행동으로 생겨난 이름입니다.

이제는 두 이름을 갖게 된 길을 되돌아 내려오며 저는 당신이 가졌던 여러 이름을 떠올렸습니다. 억지로 빼앗긴 이름, 원치 않던 이름, 스스로 만든 이름입니다. 당신이 세운 여학교의 이름, '근화槿花(무궁화)'는 불온하다는 이유로 총독부에 빼앗긴 채 1938년 '덕성德成'으로 바뀌어야만 했죠. 근화는 국화로 정해지지는 않았지만, 일찍이 이 나라를 상징하는 꽃이었습니다. 1892년에 제작된 화폐를 시작으로, 군복과 훈장에도 근화가 새겨졌고, 1910년 한일병합이 되자 자결한 매천 황현은 절명시에서 "근화세계槿花世界가 망했다."고 한탄하기도 했지요. 그렇지 않아도 민족교육을 펼쳐 눈엣가시 같은 학교의 이름이 '근화'였으니 아무리 꽃 이름이라 해도 그들의 눈에는 불온하고 불길했겠지요.

공들여 지었는데 빼앗긴 이름 '근화'가 있다면, 당신이 원치 않았는데 주어진 이름도 있습니다. 당신의 첫 이름이죠. "섭섭이로구나." 육 남매 중 막내로 태어나 위로 다섯 형제가 모두 요절했기에 아들을 바랐던 아버지의 입에서 나온 탄식과도 같은 말이 당신의 이름이 되었죠. 조선 여성에게는 이름이 없는 경우가 허다했으니 그리 놀랄 일은 아니라 해도, 열아홉의 나이로 얻은 '청상과부'는 스스로도 끔찍한 이름이었다고 회상했었죠. 결혼한 지 2년 만에 딸 하나를 남기고 남편이 병으로 세상을 떠나자 당신은 실의에 깊이 빠진 나날을 보냈다고 들었습니다. 마음을 바꿔 글을 배우고 아이들을 가르친 것은 남대문 안 상동예배당을 다니면서부터였다고요. 당신은 새로운 문명으로 독립적인 국가를 만들려는 상동청년회의 활동에 감동받았고, 여성 역시 자신의 삶을 개척해야 한다고 마음먹었습니다.

상동예배당에 간 첫날, 자신의 모습을 "옥색 옥양목 쓰개치마를 오긋이 숙여 쓰고"라고 묘사했지요. 사회로 첫발을 내딛은 당신의 조심스러운 심정을 그려 낸다면 안으로 오그라진 쓰개치마 모양 같지 않았을까요. 갑오개혁 이후에도 조선 여성은 쓰개치마나 장옷 없이 낮에 돌아다니면 '유녀' 취급을 받았다니 그럴 만도 합니다. 1894년부터 1897년까지 한국을 여행한 이사벨라 버드 비숍은 어느 지체 높은 가정의 부인이 "낮에 서울 거리를 나가 본 적이 없다."라고 말한 놀라운 이야기를 기록으로 남기기도 했지요. 1920년대에 10년 만에 경성으로 돌아온 이가 쓰개치마 없이 대낮에 여성들이 활보하는 장면을 보고 놀라 기록으로 남겼을 정도였으니까요.

당신이 쓰개치마를 벗은 건 그보다 20년 전인 1901년이니 얼마나 큰 용기를 필요로 하는 일이었을지요. 당신이 '섭섭이'라는 이름을 버린 것은 '미리사'라는 세례명을 얻고 나서지만, 남성과 대등한 존재로 태어난 건 스물세 살, 인천에서 상하이로 향하는 배가 아니었을까요. 더 정확한 순간은 한성호의 갑판에서 쓰개치마를 벗던 순간이었겠지요. 집 안이 아닌 공공장소에서 처음 얼굴에 와 닿은 5월의 햇살을 평생 잊지 못했겠지요. "장옷을 벗고 긴 치마를 잘라 버리고 첩첩이 닫힌 속에서 뛰쳐나오너라." 당신이 훗날 여성들에게 반복해서 외칠 때마다 상하이로 향하는 배 위에서 이름을 가진 존재로 태어난 날을 기억했는지요. 하지만 쓰개치마를 벗어도 계속해서 닫힌 문을 열어야 하는 나날이 이어진다는 사실도 당신은 잘 알고 있었습니다.

당신 역시 첩첩이 닫힌 속에서 뛰쳐나오기 위해 유학을 결심했겠지요. 여섯 살 난 딸과 노모를 두고 떠날 수 있었던 건, 스스로를 위한 공부가 아니어서 가능했는지도 모릅니다. 상하이에서 4년 동안 신학을 전공하다가 뇌신경 병에 걸려 청각장애가 생기면서도, 공부를 포기하지 않았던 것도 마찬가지입니다. 1905년 드디어 원하던 미국으로 건너갔지만, 조선이 식민지로 전락하는 시기였기에 학업보다 목숨을 바쳐 독립운동을 해야 한다고 판단한 것도 같은 이유였지요. 미국에 도착하자마자 교육 구국운동 단체인 대동교육회 창립 멤버가 되어 자신의 결심을 행동으로 옮깁니다. 캘리포니아의 휴양지인 패서디나의 호텔 그린에서 객실을 청소하는 메이드로 일하면서도 40원이라는 적지 않은 액수를 대동교육회에 기부했지요.

그러니 스캐리트성경학원을 졸업한 지 한 달 후, 8년간의 미국 생활을 마치고, 당신이 '망한 나라'로 돌아온 것은 당연한 선택이었을 겁니다. 1912년 당신이 서른네 살이 되던 해의 일입니다. 낮이면 배화학당 사감으로 일하면서 학생에게 독립 정신을 불어넣었고, 밤에는 자정까지 야학을 운영합니다. 1920년 배화학당 기숙사생 모두가 3·1 운동 1주년을 기념하여 새벽에 필운대 뒷산 언덕 위로 올라가 "대한 독립 만세!"를 불렀을 때, 종로서 형사대가 놀라 학교로 뛰어온 것도 무리는 아니었겠죠. 당신은 만세 운동을 모의한 사건의 배후로 지목되었고, 교장은 야학과 사감 중 하나를 고르라고 압박했는데 당신은 주저하지 않고 야학을 선택했다죠. 10년간 일해 온 배화학당을 떠나면서 "나의 한 몸을 조선 여자 교육에 바치어 헌신하려 한다."는 인사말대로 당신은 이제 '조선여자교육회' 활동에 집중합니다.

조선여자교육회라면 가장 흥이 나는 전국순회강연단 이야기부터 꺼내 볼까요. 1921년 『매일신보』에 실린 「여자 강연대 출발」이라는 기사 사진에는 단장인 당신을 중심으로 여섯 명의 여성이 카메라 앞에 서 있습니다.(田7-1 *p.175*) 7월 개성을 시작으로 9월까지 열차, 배, 자동차를 타고 무려 67곳을 돌아다니는 일정이었다죠. 1920년대라면 대낮에 여성들이 활보하는 장면에도 놀라는 마당에 연단에 서서 큰 소리로 자기 생각을 말하는 여자 강연대라니. 게다가 '사회발전의 원동력', '현시

청년 남녀의 고민하는 이혼 문제의 해결책' 등의 급진적이고, 흥미진진한 주제를 다뤄 집 안에만 있던 부인들이 참석하는 놀라운 변화를 이끌어 냈다고요. 개성에서 열린 첫 강연회에 2000여 명의 청중이 모인 것을 시작으로 각지의 강연장에 인파가 몰려들었고, 얼마나 인기가 있었는지 하루에 두 고을을 방문하기도 했다고 들었습니다. 일본 당국의 반대로 성사되지는 않았지만, 만주 간도 지방까지도 진출하려고 했다니 강연회 개최를 향한 열정과 호응이 얼마나 컸을지 짐작이 갑니다.

조선여자교육회의 야학 역시 성황이었습니다. 책과 붓, 먹을 무료로 주고, 토요일 밤은 음악회를 열었으니, 문화와 예술에 목말랐던 이들에게 얼마나 기쁜 소식이었을까요. 한 달 만에 학생이 10명에서 120여 명으로 늘어난 것은 당연한 일이었겠지요. 하지만 각지의 후원금을 받아 야학 강습소에 '근화학원'이라는 이름을 붙이는 1923년까지, 그리고 안국동에 터를 마련하는 1924년까지 얼마나 많은 어려움이 있었는지요.

근화여학교의 특색을 묻는 인터뷰에서 당신은 별것 없다면서도 연령에 제한을 두지 않은 점, 1년 내내 아무때나 입학할 수 있는 점 두 가지를 꼽습니다. "스물다섯 살, 서른 살에 보통과 1학년에 입학할 수 있다는 것은 세계를 찾아보아도 없을" 일이라고 답하는 화통한 목소리가 들려올 듯합니다. 뿐만 아니라, 1929년에는 아이

⟨차미리사 초상⟩, 종이 위에 연필, 45×31cm, 2021

〈차미리사 초상〉, 한지 위에 분채, 48×33cm, 2021

와 엄마가 함께 공부할 수 있도록 유치원을 설립했으니 얼마나 선진적인 일인지요.

당시 신문 기사에 실린, 〈우리 집에 닭 한 쌍〉이라는 노래를 연습하는 아이와 옆 교실에서 공부하는 엄마의 모습을 떠올리면 흐뭇하면서도 당신의 딸 생각이 떠나지 않습니다. 당신은 평생 두 가지 한恨이 노모의 임종을 보지 못한 것과 딸의 소식을 알지 못하는 일이라고 했지요. 유학 시절, 아이가 놀러 나갔다가 행방불명이 되었다는 편지를 어머니에게 받았지만, 찾았을 거라고 믿었다고요. 하지만 귀국하여 보니 가족도 다 흩어져 소식을 들을 수 없었을 때, 당신의 가슴은 얼어붙었겠지요. 신문 광고를 내어 딸을 찾아봤지만 행방을 알 수 없었고, 자신이 딸이라며 찾아오는 사람도 많았지만 진짜가 아니었다죠. 훗날 어릴 적 딸과 우두 자리와 가마 위의 흠이 일치하는 여성을 만났지만, "서로가 확실한 증거가 없어 가슴만 더 답답하고 섭섭만 더할 뿐"이었다는 당신의 솔직한 심정을 읽어 내려가자니 깊은 물속으로 가라앉는 기분입니다.

엄마의 손을 잡고 근화유치원으로 등교하는 아이들을 볼 때마다 얼마나 자주 잃어버린 딸 생각을 했을런지요. 자녀와 함께 공부할 수 있는 환경을 마련해서 자신이 겪었던 고통을 학생들에게는 물려주고 싶지 않으셨는지요. "하나 두었던 딸은 어디에 있는지 살았는지조차 알 수 없으니 근화가 내 가정이고, 이곳의 학생들이 모두 내 딸"이라고 했던 당신의 강연 첫머리는 늘 이처럼 시작했다고 들었습니다.

전 조선 일천만 여성은 다 내게로 오너라! 차미리사한테로 오너라! 남편에게 버림받은 여성, 과부가 된 여성, 남편에게 압제 받는 여성, 천한 데서 사람 구실을 못하는 여성, 뜨고도 못 보는 무식한 여성들은 다 오면 어두운 눈 광명하게 보여 주고 이혼한 남편 다시 돌아오게 해 주마. 그저 고통 받는 여성은 다 내게로 오너라!

시대를 앞선 행동에는 늘 그렇듯이 가혹한 시선도 존재했습니다. 근화여학교는 나이가 많거나 결혼한 여성, 또는 남편에게 버림받은 여성도 입학했기에 '소박데기 여학교'라고 불렸다지요. 심지어 "근화여학교에는 기생퇴물이 많이 다닌다."는 말이 나돌았지만, 놀라운 건 이에 대한 당신의 답변입니다. "그야말로 기생퇴물이든 매음부든 씨종(씨받이)이든 어떠한 여자이고 그 자리만을 떠나서 우리 교문을 찾는다면 누구나 환영합니다." '미혼 여성'에게만 국한된, 미래의 지도자를 양성하는 엘리트 교육이 아니라 지금 핍박 받는 '매음부'와 '씨받이'까지도 끌어안는, 약자를 위한 교육입니다. 당신은 자신이 '청상과부'가 되었을 때 처했던 상황과 사회의 시선을 잊지 않고 더 낮은 곳으로 깊이 들어갔습니다.

쌀쌀한 바람을 맞으며 느린 걸음으로 저는 다시 덕성여고를 지나 여성독립운동가길이 시작되는 곳으로 돌아왔습니다. 풍문여고를 리모델링해 2021년에 개관한 서울공예박물관으로 들어가는 관람객과 종이컵을 들고 '열린 송현'으로 향하는 직장인이 보였습니다. 3월 초여서 공원에는 아직 마르고 시든 풀뿐이었지만, 사람들 얼굴에 핀 웃음꽃으로 곳곳이 환하더군요. 오랫동안 시야를 막고 있던 4미터 담이 1.2미터로 낮아지자 새로 생겨난 풍경이었습니다. 담에 가려 있던 북악산과 인왕산은 땅에서 갓 솟아난 듯했고, 심지어 하늘에 걸린 구름까지도 가깝게 느껴졌지요.

안내판에는 1906년 윤덕영 일가가 차지했던 이 터를 해방 후에는 미국대사관과 삼성, 한진 등이 소유했는데 정부와 서울시가 함께 매입해 공원으로 만들었다는 설명이 쓰여 있었죠. 윤덕영은 순종 황제의 황후가 치마폭에 숨긴 옥새를 빼앗아 한일병합조약에 도장을 찍은 일로도 유명한 인물이지요. 2만 평에 달하는 벽수산장이 위치했던 옥인동의 약 54퍼센트, 박노수미술관을 포함한 서촌 부지, 배화여자고등학교, 인왕산 자락까지 모두 윤덕영의 집터였다고 하더니, 이곳 역시 그의 소유였네요. 여러 손을 거쳐 116년 만에 시민에게 공개된 이곳 역시 '열린 송현'이라는 새 이름을 얻기까지 적지 않은 시간이 걸렸습니다.

당신이 청각장애가 있는 데다가 일본어를 못하고 「황국신민서사」를 외우지 못한다는 이유로 1940년 교장 자리에서 쫓겨나고 뒤를 이은 이는 총독부의 지지를 받은 송금선이었습니다. 그녀에게는 '후쿠자와 레이코'라는 또 하나의 이름이 있었고, 일본의 침략전쟁을 미화하며 학도병을 모집하는 글을 쓰기도 했죠. "이제 어디를 가든지 정말로 황국신민이 완전히 되었다는 자랑과 의무를 느낀다.", "내 아들, 내 동생을 나라에 바쳤다는 절실한 애국심" 운운하던 송금선은 정작 자신의 장남은 특공대에 뽑혀 가지 않도록 병원 진단서를 제출했고, 막냇동생은 다락방에 숨겼습니다. 그럼에도 불구하고 송금선은 해방이 되고도 20년이 훌쩍 지난 1974년에 훌륭한 어머니상과 대한민국 국민훈장 동백상을 받았지요.

이제는 '친일반민족행위자'라는 이름을 얻었지만, 송금선은 오랫동안 덕성학원의 설립자로 알려져 있었습니다. 덕성학원은 송금선의 아들에게 세습되었고, '차미리사'라는 이름은 잊혔습니다. 당신의 존재가 제대로 알려진 것은 학생과 교수 들이 족벌 세습 및 재단 비리에 맞서 투쟁을 벌인 1990년대에 들어서지요. 그 과정에서 해직된 한상권 교수는 덕성학원이 차미리사가 세운 민족사학이라는 사실을 알고, 8년여 동안 사료를 모아 『차미리사 평전』을 집필했습니다. 늦었지만, 당신에게 독립유공자 훈장이 주어진 건 2002년입니다.

'여성독립운동가길'을 걷고 나서 당신의 묘에 인사를 드리기 위해 덕성여대로 향한 건 한 달이 지나서였습니다. 벽돌 건물이 모여 있는 아름다운 캠퍼스와 북한산이 둘러싼 모습은 20여 년 전 처음 방문했을 때와 변함없었습니다. 박물관에 당신의 유품이 있는지 미리 검색해 봤는데, 한 점도 나오지 않더군요. 아무래도 오랫동안 송금선이 설립자로 알려졌던 덕성학원의 역사를 보여 주는 것이겠지요.

하지만 아쉬운 마음은 잠시였습니다. 창립 100주년을 기념하여 심은 백송은 개교기념일이 바뀐 역사를 보여 주며 자라나는 중이었고, 1938년 총독부에 빼앗겼던 이름 '근화'가 캠퍼스 여기저기에 살아나 있었으니까요. 교문 안팎으로 걸린 플래카드에는 "덕성에서 피어날 근화의 딸", "신입생 여러분 환영합니다. 덕성을 꽃피울 '103번째 근화槿花'가 되심을 축하합니다."라는 인사말이 적혀 있었죠.

무엇보다 '槿花', 'Since 1920'이라고 쓴, '과잠'을 입

은 학생들의 모습이 반가웠습니다. 등에 수놓은 무궁화 자수를 보니 당신이 근화여학교에 양복과를 설치한 일이 떠오르더군요. 여성이 해방되려면 경제적 독립이 필수라고 생각했기 때문이지요. "옷을 물들여 입어야 실용적이며, 빨래방망이질, 다듬이질을 하지 말아라."라고 당신이 외친 것은 여성을 가사 노동에서 해방하려 함이었지요. 동시에 여성이 전통적으로 담당해 온 재봉을 '직업'으로 삼을 수 있도록 이끌었지요. 조선에서 최초로 사진과를 설치한 것도 마찬가지 이유였는데, 당시 내외가 여전히 심했기에 여성이 사진을 찍어 주는 사진관을 찾는 부인들이 많았다고 하죠.

캠퍼스를 돌아본 후에 후문 뒷산에 위치한 당신의 묘로 발걸음을 옮겼습니다. '차미리사길'이라고 쓴 커다란 입간판 위에 양장을 한, 당신의 사진이 금방 눈에 띄었습니다. 단추가 길게 달린 코트를 입고, 커다란 모자를 쓰고 정면을 바라보는 모습은 전국 어디라도 강연을 떠날 준비를 마친 듯해 보였습니다. 저는 표지판을 따라 덕성여대와 작은 찻길 하나를 사이에 둔 쌍문동 친환경 나눔 텃밭으로 들어갔습니다. 농기구 보관함, 꼬리명주나비 사육장, 양봉 체험장 사이에서 서성이며 묘역을 찾느라 조금 시간이 걸렸지요. 텃밭을 지나 녹색 펜스로 둘러싸인 곳에 다다랐지만, 철문은 자물쇠로 닫혀 있었습니다. 까치발로 서자 나무 사이로 돌층계와 비석이 드문드문 보였습니다. 덕성여대 수위실로 가서 문의했을 때 무슨 일로 그러시냐고 반문하는 걸 보니, 추모를 위해 일반인이 찾는 일은 많지 않은 듯했죠.

수위실에서는 보안과를 연결해 주었지만, 보안과에서는 총무과가 담당이라는 말을 전하면서 점심시간 이후에 연락해 보라고 하더군요. 그동안 저는 막국수를 먹고, 학교 앞 신고서점에서 책을 몇 권 샀습니다. 1시가 지나 총무과, 시설과, 다시 총무과에서 법인으로, 총 여덟 번의 전화 통화와 여러 도움을 받아 안 사실은 다음과 같습니다. 묘역에 참배하려면 허가는 종로의 덕성학원 법인에서 받아야 하고, 덕성여대의 총무과 직원과 동행한다는 조건으로 방문할 수 있다는 사실이었죠.

약속 시간에 맞춰 수위실 앞으로 덕성여대 마크를 단 파란색 트럭이 도착했습니다. 트럭을 타고 2, 3분 거리의 묘로 향하면서 우리는 덕성여대의 아름다운 캠퍼스에 관해 짧게 이야기를 나눴지요. 총무과 직원이 자물쇠를 열고 앞장을 섰고, 저는 뒤를 따라 돌계단을 올랐습니다. 나무에 가려 잘 보이지 않던, 무궁화가 새겨진 석등과 정성 들여 가꾼 묘역이 모습을 드러냈지요. 저는 '재단법인 덕성학원 설립자 연안 차씨 미리사 여사지묘'라고 쓰인 제단 앞에 섰습니다. '섭섭이'로 태어나서, 남편의 성을 따서 '김미리사'로 활동하다가, 여필종부라는 옛 관념을 버리고 자신의 본래 성을 찾은 역사가 그 안에 새겨져 있는 듯했죠. "살되, 네 생명을 살아라. 생각하되, 네 생각으로 하여라. 알되, 네가 깨달아 알아라." 당신의 교육 이념과도 일치하는 삶이었습니다.

묘의 왼편으로 효문고등학교가 보였고, 운동장에서 뛰어노는 학생들의 목소리가 들려올 듯 가까운 곳이라 적적해 보이지 않았습니다. 하지만 아마도 당신이 가장 기다리는 건 덕성학원 학생의 모습이 아닐까 싶었지요. 저는 눈을 감고 한 달 전에 덕성여중과 덕성여고 입학식에서 본 학생의 모습을 전했습니다. 딸과 함께 사진을 찍는 부모의 환한 표정에서 근화유치원의 모습을 떠올리셨을지요.

저는 100년 전, 무궁화 꽃 색을 닮아 특히 아름다웠다는 동복 교복을 입고 등교하는 당신의 제자들을 상상했습니다. 그 속에는 댕기머리 소녀와 쪽 진 부인, 아이의 손을 잡은 엄마도 있습니다. 연령도 머리 모양도 제각각이지만, 늘 무궁화가 만발했다는 근화여학교의 교정을 향해 모두 발걸음을 내딛습니다. 그 길을 수없이 바삐 오갔을 당신의 뒷모습도 보입니다. 당신들의 걸음으로 다지고, 첩첩이 닫힌 문을 열어 만들어 낸 '여성독립운동가길'이라는 새로운 이름이 마음에 드셨을런지요.

(2023년 봄)

차미리사의 생애 및 언급은 한상권, 『차미리사 평전』(푸른 역사, 2008)을 참고했다.

*   1929년에 일어난 광주학생항일운동에 동조하여 전국적으로 확산된 연합 시위에 근화여학교 학생들도 참여했다.

용어 해설 및 자료

참고 문헌

1장 윤희순尹熙順(1860~1935)

신유박해(1801)

16세기경 전래된 천주교는 제사를 무시하고 인간 평등사상을 내세워 권력의 탄압을 받았다. 순조가 즉위하자 집권파 노론이 천주교 탄압을 명분으로 반대파인 소론과 남인을 제거한 사건을 신유박해 또는 신유사옥이라고 한다. 정약전, 정약종, 정약용 형제를 포함하여 북경에서 조선 최초로 세례교인이 된 이승훈, 문장의 대가이며 천문학과 수학 등에 능통하여 정조로부터 '정학사貞學士'라 불리며 총애를 받았던 이가환 등 많은 학자가 처형되거나 유배되었다.

유돈상柳敦相(1894~1935)

1911년 의병장이었던 할아버지 유홍석과 아버지 유제원, 어머니 윤희순과 만주로 건너간 후에 음성국, 음성진 등 180여 명의 동지와 대한독립단을 조직했다. 음씨 형제 및 중국인 장경호와 함께 학교를 세웠고, 군사훈련으로 인재를 양성했다. 1928년에는 강원도 춘천, 충청북도 제천 등지에서 민족교육에 힘쓰면서 만주 지역 독립운동 단체를 지원하기 위해 군자금을 모으기도 했다. 1931년 만주에서 독립단을 재조직하여 활동했으나 1935년 일본 경찰에 체포되어 모진 고문 끝에 숨졌다. 1993년 건국훈장 애족장이 추서되었다.

유홍석柳弘錫(1841~1913)

1895년 명성황후 시해 사건이 일어나고 단발령이 내려지자 이소응·유중락·유봉석 등과 봉기하여 의병장으로 가평과 춘천 일대에서 활동했다. 의병을 해산하는 관군을 회유하고 꾸짖는 「고병정가告兵丁歌」를 지었으며, 1907년 고종이 강제 퇴위하고 군대가 해산되자 유영석·유제곤·박선명·박화지 등과 600여 명을 모아 춘천에서 다시 의병을 일으켰다. 1910년 국권이 일본으로 넘어간 후에는 만주로 망명하였고, 독립운동을 계속하다가 이후

병사했다. 1980년 건국포장, 1990년 건국훈장 애국장이 추서되었다.

『자산어보玆山魚譜』

천주교 탄압 사건인 신유박해로 전라도 흑산도로 유배된 정약전이
편찬한 책이다. 1801년부터 1814년까지 유배지에서 생활하면서 200여
종의 물고기와 바다 생물에 관해서 서술했다. 이 책에서는 해양생물을
비늘이 있는 인류, 비늘이 없는 무린류, 딱딱한 껍질을 가진 개류,
물고기가 아니지만 물에 사는 잡류로 분류했다. 총 3권으로
구성되었으나, 현재 원본은 없고 필사본만 남아 있다.

2장 김향화(金香花, 1897~?)

기생

기생은 사회계급으로는 천민에 속해 사회적 대우를 받지는 못했으나,
시를 쓰는 지식인이자 노래와 악기 연주에 능한 예술인이기도 했다.
조선시대는 기생을 제도로 정착시켰고, 국가가 직접 기생을 관리,
감독하였다. 관기 제도는 1894년 갑오개혁 당시 신분제와 함께
폐지되었지만, 관기가 공식적으로 사라진 것은 1908년 「기생 및 창기
단속령」이 제정되면서부터다. 기생 조합은 1914년 이후 일본식 명칭인
권번券番으로 바뀌었으며, 1947년에 폐지될 때까지 존속했다.

신여성

개항기 이후 일제강점기까지 신식 교육을 받은 여성을 '구여성'에
대립되는 '신여성'이라는 명칭으로 불렸다. 자유의지에 따른 연애와
결혼, 여권신장 등을 추구하여 보수적이고 남녀 차별적인 기존의
가치관에 대항했다. 1920년대에 김일엽金一葉이 『신여자』에 「신여자
선언」을 발표하는 등 신여성에 관한 논의가 본격적으로 전개되었다.
1923년 개벽사에서는 『신여성』이라는 제목의 잡지를 창간하기도
했는데(1934년 종간) 여성 일자리 확대 등 여성의 사회 진출과 여성
교육 등을 중점적으로 다루었다.

자혜의원慈惠醫院

일제강점기에 설립된 근대식 의료기관이자 관립 병원이다. 식민지
통치 사업 중 하나로 일본의 선진성을 알려 조선인의 일본에 대한
반감을 없애기 위한 목적도 있었다. 함경남도 함흥, 충청북도 청주,
전라북도 전주를 시작으로 1910년에는 13도의 총 14곳에 자혜의원을
설립하였다.

3장 김향화, 권애라權愛羅(1897~1973), 어윤희魚允姬(1880~1961),
신관빈申寬彬(1885~?), 심명철沈明哲(1896~1983),
임명애林明愛(1886~1938), 유관순柳寬順(1902~1920)

서대문형무소역사관

1908년 일제가 의병 및 독립운동가를 투옥할 목적으로 만들어
1987년 11월에 폐쇄될 때까지 80년 동안 감옥으로 사용되었다.
수감자를 효과적으로 감시할 수 있는 원형 감옥 형태인 파놉티콘
구조의 붉은 벽돌 건물이다. 1919년에는 3·1 운동으로 수감자가
폭발적으로 증가했다. 해방 후에는 독재와 군사정권에 반대하는
민주화 운동가들이 수감되었는데, 근현대사의 현장을 보존하기 위하여
1998년 서대문형무소역사관으로 개관했다.

프리모 레비Primo Levi(1919~1987)

이탈리아 토리노 출생 작가, 화학자. 1941년 토리노 대학교 화학과를
수석으로 졸업한 이후 파시즘에 저항하는 '정의와 자유'의 일원으로
활동하다 체포됐다. 유대인이라는 이유로 1943년 12월 파시스트
민병대에 체포된 이듬해 2월 독일 아우슈비츠 수용소로 끌려갔다.
아우슈비츠 강제 수용소에서 10개월 동안 겪은 일을 기록으로 남긴
『이것이 인간인가』와 『가라앉은 자와 구조된 자』, 『주기율표』
등을 출간했다. 작가로서 세계적으로 이름을 알렸으나 수용소의
트라우마로 우울증을 앓아 온 그는 1987년 4월 11일, 아파트 3층인
자택에서 추락해 사망했다.

〈개성난봉가〉

서도 민요. 황해도 개성의 명승지인 웅장한 박연폭포의 아름다움을
노래하는 서도 민요로 '박연폭포'라고도 부른다. 3절과 후렴으로
이루어진 유절형식有節形式이다. 속도감이 있으면서 흥청거리며,
굿거리장단으로 비약 진행이 자주 나타나서 쾌활하다.

〈8호 감방의 노래〉

3·1 운동에 참여했다는 죄목으로 서대문형무소 여옥사 8호 감방에
갇힌 독립운동가들이 옥중에서 두려움을 이겨내고, 서로 용기를
불어넣기 위해 불렀던 노래. 8호 감방에 수감되었던 심명철의 아들
문수일 씨가 적어 둔 가사를 『한국일보』에서 기사화하여 알려졌다.
문수일 씨의 회고에 의하면 "이 곡을 수시로 불러 간수들이
시끄럽다고 제지했다."고 한다. 가사 속 '진중이'는 '전중이'의 오기로
추정된다. 전중이는 징역살이하는 사람을 속되게 이르는 말로, '진흙
색 일복'은 '황토색 일본 옷', 곧 죄수복을 의미하는 것으로 추정된다.
2019년 가수 안예은이 〈8호 감방의 노래〉라는 제목으로 작곡하여
발표하기도 했다.

4장 가네코 후미코金子文子(1903~1926)

박열朴烈(1902~1974)

아나키스트, 사회운동가. 본명은 박준식朴準植. 경성고보 재학
중에 3·1 운동 만세 시위에 가담한 혐의로 퇴학당하고, 같은 해에
일본으로 건너가 신문 배달 등 아르바이트를 하면서 세이소쿠가쿠엔
고등학교를 다녔다. 일본에서는 사회주의자, 아나키스트와
교류하였고, 흑우회 등을 조직했다. 1923년 관동대지진이
일어나자 괴소문이 퍼져 6천여 명의 무고한 조선인이 학살되었다.
사건을 은폐하고 관심을 다른 곳으로 돌리기 위해 일본 내각은
대역사건의 배후로 불령사를 조직한 박열을 주모자로 체포했다.
박열이 출소한 것은 22년이 지나 1945년 해방이 되고 나서였다.

재일본조선거류민단의 초대 단장을 지냈다. 1989년 건국훈장
대통령장이 추서되었다.

서봉총

1926년에 발굴된 경상북도 경주시 소재 고분으로, 발굴 전 원래의
형태가 많이 손상되어 있었다. 지름 약 36미터, 높이 약 9.6미터의 대형
고분으로 추정된다. 형식은 덧널을 넣고 덧널의 주위와 위를 돌로 덮은
후에 그 위에 봉토를 씌운 돌무지덧널무덤積石木槨墳이다. 일본을 방문
중이던 스웨덴의 황태자이자 고고학자인 구스타브 6세가 참관하였고,
세 마리의 봉황 모양이 장식된 금관이 출토되었다고 하여 스웨덴瑞典의
'서瑞' 자와 봉황의 '봉鳳' 자를 따서 이름 지었다.

5장 이애라李愛羅(1894~1922)

애국부인회

대한민국 임시정부를 지원하면서 독립운동에 힘쓴 항일
여성단체로, 서울·평양·상하이에서 조직되었다. 서울의 경우 3·1
운동 투옥 지사를 지원하기 위해 1919년 3월과 4월에 조직된
혈성단애국부인회와 대조선독립애국부인회가 통합되어 같은해
10월에 대한민국애국부인회로 조직되었다. 김마리아가 회장으로
활동하였고 교회 지도자와 교사, 간호사 등이 주축을 이루었다.
평양의 애국부인회는 임시정부의 권유로 장로교계 부인회와 감리교계
부인회가 통합되며 시작되었다. 상하이 애국부인회는 태극기를 만들고
회의장을 준비하는 등 임시정부의 활동을 도왔고, 제2차 세계대전
때는 일본 패망 촉구 방송, 일선군인 위문, 여성 계몽교육 등의 활동을
펼쳤다.

박朴안라(1853~1922)

16세에 충무공 이순신의 9세손 이도희와 결혼하여 아산에서
거주했는데 남편이 1902년에 세상을 떠나자 홀로 집안 살림을 꾸려

나갔다. 이규갑의 회고에 의하면 을사조약 이후에 두 아들 이규풍,
이규갑에게 빨리 의병을 일으키라고 독려했고 두 아들 모두 어머니의
뜻에 따랐다. 이규풍이 어머니의 안부를 걱정하여 3년 만에 집에
돌아왔으나 꾸중하여 다시 돌려보냈다고 한다. 이규갑 역시 3·1 운동
이후 집안이 걱정돼 비밀리에 사람을 보냈으나 "나랏일을 하는 사람이
내 걱정을 하고 사람을 보냈냐"며 꾸짖었다고 한다. 박안라 스스로도
경기도, 황해도, 평안도 등지를 돌아다니면서 애국지사를 만나
격려했다. 나중에는 독립운동에 헌신하기 위해 아들과 러시아로 함께
떠났으며, 1922년 블라디보스토크에서 사망했다. 박안라의 행적을
기록한 오충비, 충국순의비가 충청남도 아산시에 세워져 있다.

이규갑李奎甲(1887~1970)

충청남도 아산에서 충무공 이순신의 9세손인 이도희와 박안라의
차남으로 출생하였다. 1906년 한성사범학교를 졸업하고, 일본
와세다대학에서 수학했다. 1911년경 충청남도 공주의 영명학교에서
교감으로 근무하였으며, 영명학교 교장이자 선교사인 샤프와
이화학당 교장의 중매로 이화학당 출신의 이애라(이애일라李愛日羅,
본명 이심숙李心淑)와 결혼했다. 1917년 공주에 여자야학교를
설립하였고, 1919년 2월 평양 지역 대표로 3·1 운동 준비에 참여했다.
1919년 4월 한성임시정부 수립을 위한 전국 13도 대표 국민회의에
중앙 대표로 참석했다. 같은 달 상하이로 망명한 이규갑은
한인청년회와 대한청년단 등에 가담하여 상하이임시정부를 지원했다.
1927년 가족과 함께 귀국하여 1929년 4월 신간회 경동지회 설립을
주도하고 집행위원장에 선출되었다. 1970년 사회장으로 장례가
치러졌다. 1962년 건국훈장 독립장이 추서되었다.

앨리스 해먼드 샤프Alice Hammond Sharp(1871~1972)

한국 이름은 사애리시史愛理施. 캐나다에서 태어나 미국 감리교
선교사로 한국에 왔다. 남편이 먼저 세상을 떠난 후에도 충청도
지역에서 봉사했다. 1900년 27세부터 1940년 강제 추방될 때까지
선교사로 활동했으며, 집안 형편이 어려운 소녀들을 돌보며 교육을

받을 수 있도록 후원하였다. 천안의 지령리 교회를 방문했을 때 유관순을 만나 공주 영명학교에서 이화학당 3학년으로 편입을 주선한 인연이 있다. 추방된 후 미국 로스앤젤레스의 은퇴선교사요양원에서 지내다가 1972년 101세로 영면했다. 2020년 국민훈장 동백장이 추서되었다.

6장 최용신崔容信(1909~1935)

산미증식계획

일본이 한반도를 쌀 공급처로 삼고자 1920년부터 1934년까지 실시한 농업 정책. 제1차 세계대전에서 승리한 후, 인구가 증가하고 산업화로 많은 사람이 도시로 이주하자 일본에서는 쌀 생산량이 감소했다. 대외적으로는 조선의 쌀 생산량을 늘리기 위한 정책이라 발표했지만, 화학비료나 품종개량, 수리 시설 확충 비용 등을 농민들이 부담해야 했다. 게다가 늘어난 수확량보다 더 많이 일본으로 쌀을 수탈하여 조선에서는 쌀 부족 현상이 더욱 심해졌다.

심훈沈熏(1901~1936)

본명은 대섭大燮이며, 호는 해풍海風. 경성제일고등보통학교(현 경기고) 재학 중 조선인에 대해 모욕적인 발언을 한 일본인 선생에게 항의하여 백지 답안을 제출해 유급을 당했고, 1919년 3·1 운동에 참여하여 투옥된 후 퇴학당했다. 1924년 동아일보사에 입사하고, 1926년 우리나라 최초의 영화소설 「탈춤」을 『동아일보』에 연재했다. 1927년 영화 공부를 위해 일본으로 갔다가 귀국하여 영화 「먼동이 틀 때」를 단성사에서 개봉했다. 1934년 『직녀성』을 『조선중앙일보』에 연재하며, 여기서 생긴 원고료로 '필경사筆耕舍'를 짓고, 그곳에서 『상록수』를 완성했다. 1935년 『동아일보』 창간 15돌 기념 현상공모에 『상록수』가 당선되면서 주목받았다. 상금 중 일부를 야학당에 후원했으며. 다음 해 『상록수』를 영화로 만들려고 했으나 장티푸스에 걸려 서른여섯의 나이로 세상을 떠났다. 2000년 대한민국 건국훈장

애국장이 추서되었다.

염석주廉錫柱(1895~1944)
최용신의 조력자이자 후견인이자 수원지역 신간회 활동을
주도했다. 만주에서 농장을 개척해 운영하면서 독립군과
상하이임시정부 등에 독립운동자금을 지원했다. 해방되기 한 해
전인 1944년 동대문경찰서에 수감되어 18일간 모진 고문을 받다
경성적십자병원으로 옮겨진 뒤 3일 만에 사망했다. 2008년
안산의 사회적 협동조합인 은빛둥지 회원들이 다큐멘터리〈잊혀진
독립운동가 염석주를 찾아서〉를 완성했다. "안산의 독립운동가인
염석주 선생이 역사 속에서 사라진 점을 안타깝게 여겨" 전국 각지의
사료관을 찾아 자료를 모으고 증언을 수집했다.

황에스더(黃Esther·황애덕·황애시덕黃愛德·黃愛施德, 1892~1970)
이화학당을 졸업하고 숭의여학교에 재직하면서 송죽회를 조직해
항일 정신을 고취했다. 비밀조직 송죽회를 전국으로 확대해 군자금을
모집하고 중국에 있던 항일단체를 지원했다. 3.1운동 참여로 옥고를
치렀으며, 김마리아와 애국부인회를 조직했다. 애국부인회의 총무가
되어 상하이 임시정부에 자금을 전달하다가 일본 경찰에 잡혀 다시
수감되었다. 3년형을 언도받았으나, 형기 1년을 남기고 가출옥하여
이화학당 대학부에 편입하였다. 졸업 후에는 모교의 사감 겸 교사로
재직했다. 미국에서 유학하고 1929년 초에 귀국하여 협성여자신학교
농촌사회지도 교육과에서 학생들을 가르쳤다. 이때『상록수』
주인공의 실제 인물인 농촌운동가 최용신도 가르쳤다. 기독교
집안에서 태어나 '에스더'라는 세례명을 받았는데, 이를 음차한 황애덕
혹은 황애시덕이라고도 불렸다. 1977년 건국포장이, 1990년 건국훈장
애국장이 추서되었다.

토지조사사업
농업국가인 조선을 통치하기 위해 토지 소유자, 용도 등을
파악하고자 1910년부터 1918년까지 조선총독부가 실시한 경제정책.

조선의 토지를 쉽게 점유하기 위해 토지의 사유권에서 지주의 권리만을 인정하고 농민의 권리를 박탈하여 토지 매매를 자유롭게 하고자 했다. 조선총독부의 조세 수입을 증대, 재정을 확보하는 데 목적을 두었다.

7장 차미리사車美理士(1879~1955)

광주학생항일운동

3·1 운동이 일어난 지 10년이 지난 1929년 11월 3일 전라남도 광주 지역에서 일어난 항일 독립 만세 운동. 1929년 10월 30일 광주와 나주를 통학하던 광주중학교 일본인 학생들과 광주고등보통학교 학생이 다툰 것이 집단 싸움으로 번졌다. 다음 날인 10월 31일에도 통학 열차 안에서 다시 싸움이 시작되었는데, 이때 출동한 일본 경찰에게 조선인 학생들이 차별적인 대우를 받았다. 이에 대한 저항으로 광주고등보통학교 학생들은 메이지 천황의 탄생일을 기리는 기념식에서 일본 국가인 기미가요를 부르지 않고 침묵했다. 광주에서 시작된 학생운동은 차별적인 식민지 교육에 반대하는 대표적인 항일 민족운동으로 1930년 3월까지 전국적으로 확산되었다.

송금선宋今璇(1905~1987)

친일반민족행위자. 도쿄여자고등사범학교를 졸업하고 1934년 이화여자전문학교 교수가 되었다. 1937년에 조선총독부의 사회교육과가 주동해서 설립한 친일 사회단체인 방송선전협의회에서 강좌를 맡았다. 1940년 총독부의 지지 하에 차미리사의 뒤를 이어 덕성여자실업학교의 교장이 되었고, 교장 취임식에서 "황국신민 교육의 완성을 위하여 미력을 다하고자" 한다고 교육이념을 밝혔다. 1950년에는 현 덕성여대의 전신인 덕성여자초급대학의 초대 학장에 취임했다.

윤덕영尹德榮(1873~1940)

친일반민족행위자. 순정효황후純貞孝皇后의 큰아버지이며, 1910년

'한일병합조약'을 체결하는 어전회의에 참석한 경술국적 8인 중 한 명이다. 공로를 인정받아 일본 정부로부터 자작 작위를 받았다. 1909년 안중근의 저격으로 이토 히로부미가 사망하자 이완용 등과 함께 장충단에서 추도회를 열었다. 그의 아호인 벽수碧樹는, 지금은 사라졌지만 종로구 옥인동에 지었던 '벽수산장'이라는 대저택의 이름으로도 잘 알려져 있다. 일본 제국의회 귀족원 칙선의원, 중추원 부의장 등을 지냈다.

이사벨라 버드 비숍Isabella Bird Bishop(1831~1904)
영국 출신의 작가, 지리학자. 어려서부터 몸이 약해 의사가 여행을 권했다. 1853년 23세 때 캐나다와 미국을 여행하고 쓴 『미국에 간 영국 여인The Englishwoman in America』으로 베스트셀러 작가가 되었다. 30대에 우울증을 앓았고 41세 때 하와이 등지를 전전하면서 요양 생활을 했으며, 1878년에는 일본을 방문했다. 50세 때 주치의 비숍과 결혼했고, 1886년에 남편이 세상을 떠난 후 티베트, 페르시아, 바그다드 등을 여행하였다. 한국에 온 것은 1894년 65세 때의 일로, 4차례 현지를 답사하며 19세기 말 한국의 모습을 담은 『조선과 그 이웃 나라들Korea and Her Neighbours』(1898: 한국어판은 1994년에 출간)을 남겼다.

조선여자교육회
1920년 3월 차미리사 주도로 설립된 여성 교육단체. 정부나 외국 선교사가 아닌 조선인 여성이 조직한 교육기관이라는 점이 주목된다. 야학에서 글을 가르치던 차미리사는 여성 교육을 보다 조직화해야 할 필요성을 느꼈고, 1921년 6월 10일부터 10월 10일까지 4개월에 걸쳐 전국 순회 강연회를 개최하였다. 1921년 조선여자교육회를 발전시켜 근화학원을 설립했고, 일제의 간섭으로 1938년에는 덕성여자실업학교로 이름을 바꿨다. 오늘날의 덕성여자대학교의 전신이다.

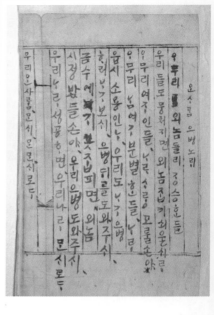

(田1-1)『의병가사집』(표지) 가로 398cm
세로 28cm, 강원대학교중앙박물관 소장.
(田1-2)『의병가사집』,
강원대학교중앙박물관 소장.
(田1-3)『의병가사집』,
강원대학교중앙박물관 소장.

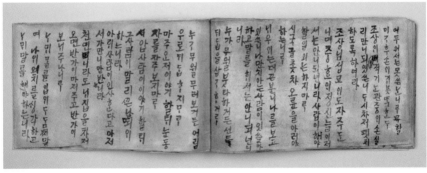

171

(田2-1)『조선미인보감』(1918)에 수록된 김향화. 조선연구회 엮음,

『한국근대공연예술총서1-조선미인보감』(영인본, 민속원, 2007년)에 재수록.

(田2-2)「소요 기생 공판(騷擾妓生公判)」,『매일신보』1919년 6월 20일.

(田2-3)「금일의 연예관(演藝館)」『매일신보』1915년 9월 25일.

172

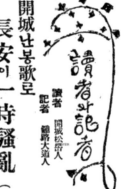

讀者와記者

開城난봉歌로
長安이 一時騷亂 (一)
◇權愛羅女史의 最近生活

讀者　開城松岳人
記者　鍾路大岳人
課記　題事

(田3-1)「개성(開城) 난봉가(歌)로 장안(長安)이 일시소란(一時騷亂)」『동아일보』
1925년 10월 11일.

(田3-2) 유린보육원 아이들과 함께 있는 어윤희.

(田4-1) 가네코 후미코와 박열의 재판 당시 사진, 『동아일보』 1926년 3월 2일.

(田5-1) 1915년 7월에 촬영한 영명학교 단체 사진.
(田5-2) 유관순으로 추정되는 학생(왼쪽), 1919년 수감 당시의 유관순(오른쪽).

(田6-1) 「1930년 여름」, 『조선일보』 1930년 7월 19일.

(田7-1) 「여자 강연대 출발(女子講演隊出發)」『매일신보』 1921년 7월 9일.

김소연, 『미치지도 죽지도 않았다: 파란만장, 근대 여성의 삶을 바꾼
　　공간』, 효형출판, 2019
김이경(글), 윤석남(그림), 『싸우는 여자들, 역사가 되다: 세상을 뒤흔든
　　여성독립운동가 14인의 초상』, 한겨레출판, 2021
박용옥, 『한국 여성 항일운동사 연구』, 지식산업사, 1996
연세대학교 근대한국학연구소 인문한국플러스(HK+) 사업단
　　지역인문학센터(심옥주, 박영하, 김형목, 김도형, 이신욱, 김경록),
　　『여성 독립 운동가 열전』, 세창출판사, 2021
이윤옥, 『46인의 여성독립운동가 발자취를 찾아서』, 얼레빗, 2020
정운현, 『조선의 딸, 총을 들다: 대갓집 마님에서 신여성까지, 일제와 맞서
　　싸운 24인의 여성 독립운동가 이야기』, 인문서원, 2016

　　1장 윤희순
심옥주, 『윤희순 평전: 조국의 얼을 노래한 독립운동가』, 정언, 2009
심옥주, 『윤희순 연구: 의병운동과 민족독립운동을 중심으로』, 정언, 2011
심옥주, 「윤희순, 최초의 여성의병장으로 시대의 경계를 넘다」, 『여성 독립
　　운동가 열전』, 세창출판사, 2021
심철기, 「여성 무장투쟁의 선구자 윤희순」, 『항일무장투쟁과
　　여성독립운동가』, 역사공간, 2020

　　2장 김향화
권행가, 「일제시대 우편엽서에 나타난 기생 이미지」, 『미술사논단』 12,
　　2001
세리카와 데쓰요 엮고 옮김, 『일본 작가들 눈에 비친 3·1 독립운동』,
　　지식산업사, 2020
소현숙, 「김향화: 수원 기생 김향화와 3·1 운동에 나선 기생들」, 『3·1
　　운동에 앞장선 여성들』, 역사공간, 2019
이동근, 「1910년대 '기생'의 존재양상과 3·1 운동」, 『한국민족운동사연구』
　　74, 2013

3장 김향화·권애라·어윤희·신관빈·심명철·임명애·유관순

강영심, 「어윤희(1880~1961)의 생애와 독립운동」, 『한국문화연구』 17, 2009

고혜령, 『유관순 횃불되어 타오르다』, 초이스북, 2019

김삼웅, 『서대문형무소 근현대사: 일제시대편』, 나남출판, 2000

김형목, 「어윤희, 개성 3·1 만세운동에 앞장서다」, 『여성 독립 운동가 열전』, 세창출판사, 2021

서경식 지음, 김석희 옮김, 『청춘의 사신: 20세기의 악몽과 온몸으로 싸운 화가들』, 창비, 2002

이정은, 『유관순: 3·1 운동의 얼』, 역사공간, 2018

이지원, 「권애라: 개성의 첫 시위를 이끌다」, 『3·1 운동에 앞장선 여성들』, 역사공간, 2019

프리모 레비 지음, 이현경 옮김, 『이것이 인간인가: 아우슈비츠 생존 작가 프리모 레비의 기록』, 돌베개, 2007

4장 가네코 후미코

가네코 후미코 지음, 정애영 옮김, 『무엇이 나를 이렇게 만들었는가: 일본 제국을 뒤흔든 아나키스트 가네코 후미코 옥중 수기』, 이학사, 2012

가토 나오키 지음, 서울리다리티 옮김, 『구월, 도쿄의 거리에서: 1923년 간토대지진 대량학살의 잔향』, 갈무리, 2015

김인덕, 『박열: 극일에서 분단을 넘은 박애주의자』, 역사공간, 2013

김진웅, 「가네코 후미코金子文子의 아나키즘 수용과 실천」, 『한국근현대사연구』 87, 2018

안재성, 『박열, 불온한 조선인 혁명가』, 인문서원, 2017

야마다 쇼지 지음, 정선태 옮김, 『가네코 후미코: 식민지 조선을 사랑한 일본 제국의 아나키스트』, 산처럼, 2003

5장 이애라

김승태, 「일제강점기 이규갑·이애라 부부의 민족운동」, 『한국독립운동사연구』 50, 2015

듀나, 『아르카디아에도 나는 있었다』, 현대문학, 2020

이규갑, 「한성임시정부수립의 전말: 대한민국 임시정부의 수립과 그 활동」,
  『신동아』, 1969, 4월호
이현주, 「3·1운동 직후 국민대회와 임시정부 수립운동」,
  『한국근현대사연구』 6, 1997

6장 최용신

김정인, 「최용신, 목숨과 맞바꾼 농촌 계몽의 길」, 『국내 사회운동과
  여성독립운동가』, 역사공간, 2021
김형목, 『최용신 평전』, 민음사, 2020
김형목, 「최용신 현실인식과 농촌계몽운동」, 『사학연구』 88, 2007
류양선, 「심훈의 상록수 모델론: '상록수'로 살아 있는 '사랑'의 여인상」,
  『한국현대문학연구』 13, 2003
심훈 지음, 박헌호 엮음, 『상록수』, 문학과지성사, 2005
유달영, 『최용신 양의 생애: 농촌계몽의 선구』, 아데네사, 1956
윤유석, 『샘골 사람들, 최용신을 말하다』, 길위의책, 2017

7장 차미리사

덕성100년사 편찬위원회 엮음, 『3·1운동 100년, 덕성 100년: 근화와
  차미리사』, 민연, 2019
박정애, 「식민지 조선 여성들의 배움 열망과 근화여학교」, 『인문과학연구』
  22, 2016
이정선, 「일제시기 차미리사의 여성 인식과 여성교육관」, 『인문과학연구』
  22, 2016
한상권, 「덕성여자대학교와 덕성여자중고등학교 개교기념일 재검토」,
  『인문과학연구』 30, 2020
한상권, 『차미리사 평전: 일제강점기 여성해방운동의 선구자』, 푸른역사,
  2008
한상권, 「일제강점기 차미리사의 민족교육운동」, 『한국독립운동사연구』
  16, 2001
한해정, 「서양과 한국의 근대여성운동, 그리고 근화여학교」,
  『인문과학연구』 27, 2018

✉ 8

네 개의 미음, '마라톤, 모하비, 마흔, 모성'
— 윤석남 선생님께

6년 만에 선생님을 뵙고 얼마 지나지 않은 2021년 4월 이었습니다. 날이 아직 쌀쌀해서 선생님은 도톰한 오렌지 빛 스웨터를 입고 계셨어요. 학고재갤러리 옆 카페에서 커피와 호두파이를 먹으면서 얼마 전에 출판사를 차린 저희 안부를 물으셨고, 책에 대한 각별한 애정도 표현하셨죠. 어려서부터 책 읽는 걸 너무 좋아했고, 지금도 잠들기 전에 꼭 읽으신다면서 더 많은 사람이 책을 읽으면 좋겠다고 하셨지요. 그리고 무언가를 시작한 저희에게 딱 한 가지 조언만 한다면, '운동'이라고 말문을 여셨습니다. "내가 그림을 그리기로 마음먹고 제일 먼저 시작했던 것이 달리기예요. 전 날짜도 잊어버리지 않아요. 1979년 4월 25일. 구반포에서 국립묘지까지 한 시간 반을 걷고 달렸죠."

그날은 4월 18일이었으니 일주일 뒤면 선생님께서 달리기를 시작한 지 42년째가 되는 날이었습니다. 개 조각 작업을 하면서 허리를 다쳐 수술한 후에는 걷고 있지만, 역시나 매일 빠짐없이 운동한다고 하셨어요. 선생님의 꼿꼿한 자세나 가벼운 발걸음을 보면 충분히 예상 가능한 일이었지만, 그동안의 왕성한 작업량을 떠올리니 진지한 표정으로 고개가 끄덕여졌지요. 그러다가 가볍게 흔들리는 선생님의 어깨춤을 보며 크게 웃을 수밖에 없었습니다. "그런데 비가 오면 너무 신나, 걷지 않아도 되니까 너무 신나요." 6년의 공백이 있었지만, 선생님만의 독특하고 솔직한 유머, 다정함 덕분에 어색함은 전혀 느껴지지 않았습니다.

그날은 학고재에서 14인의 여성 독립운동가의 초상을 선보인 전시 《싸우는 여자들, 역사가 되다》가 끝난 지 2주 정도가 지났을 때였지요. 전혀 예상하지 못했지만, 저에게 이 책을 제안하신 날이기도 했습니다. 선생님은 앞으로 100분의 '여성 독립운동가'를 완성할 계획이라

〈1,025: 사람과 사람 없이〉, 나무에 아크릴, 2008.
(윤석남 작업실, 2024년 9월 12일 촬영)

고 하셨지요. 유기견을 나무로 조각한 1,025마리의 개
와 999명의 여성 목조각, 한지를 오려 벽을 채운 Room
시리즈를 알지 못했다면, 저는 아마 더 놀랐겠지요. 집
으로 돌아와 여성 독립운동가의 이름을 검색하고 책을
사서 읽기 시작했지만, 바로 답을 드리지는 못했습니다.

　하지만 학고재 앞에서 선생님과 헤어지기 전, 이미 이
책을 쓰게 되리라고 예감했지요. 선생님께서 운전석에
오르실 때 한 번도 가 본 적 없는 사막 속을 달리는 여

성이 떠올랐기 때문일까요. 82세라는 연세임에도 작품을 운반하기 위해 몰고 온 대형 SUV가 사막에서 이름을 따온 '모하비'였기 때문만은 아니었겠죠. 42년 동안 달리고 걸어 온, 마라톤이라 불릴 만한 그 긴 코스에서 선생님이 만났을 수많은 풍경과 바람을 떠올리자 제 몸속 어딘가도 움직이기 시작했으니까요. 이 책에 등장하는 여성 독립운동가 중에서 유관순과 최용신 외에는 이름조차 몰랐으면서도 무모하게 첫발을 내딛은 이유입니다.

달력을 찾아보니 1979년 4월 25일은 수요일이었네요. 마흔이 되던 해, 선생님이 달리기를 시작한 그날의 날씨는, 뺨에 와 닿은 바람은 어땠을지요. 그 이전 선생님의 삶을 조금이라도 안다면 모두 궁금하지 않을까요. 결혼 전에는 홀어머니를 도와 동생들 학비를 대기 위해 취직했고, 결혼 후에는 시어머니를 모시며 전업주부로 생활하다가 '지금 나는 뭘 하고 있는 거지?'라는 질문으로 잠이 오지 않은 날이 이어졌다고 하셨죠. 급기야는 우울증으로 집에 있는 먹을거리가 다 떨어져야 장을 보러 갈 정도가 되었다고요. 남편은 사업에 성공해서 남들이 보기에는 윤택한 생활이었지만, 서른여섯이 되자 삶의 존재 이유를 알 수 없었다고요.

여기까지라면 한 번쯤 어디선가 들어봄 직한 중년 여

성의 이야기일지 모르겠습니다. 하지만 그 여성이 마흔에 화가가 되기로 마음먹은 날 달리기를 시작했다면요, 그리고 5일 뒤 남편에게 받은 월급으로 몽땅 화구를 사고, 첫 전시를 열면서 미술대학을 나오지 않았든 남들이 '규수작가', '주부 화가'라고 부르든 전혀 상관이 없었다면요, 무언가를 시작하는데 나이가 왜 중요한지 정말 모르겠다고 거꾸로 우리에게 질문을 던지는 그녀가 지금도 무언가를 계속 시작하고 있다면요. 다들 한 번쯤 그 여성이 만든 작품을 보고 그 여성이 건넨 이야기를 듣고 싶지 않을까요.

남편의 사업이 번창해서 방이 세 개로 늘어났는데도, 선생님께 자유로운 유일한 공간은 식탁 앞 의자였다고요. 어느 날 길을 가다가 누가 버린 식당 의자를 주웠고, 그 위에 앉은 여자를 나무로 만들면서 비슷한 상황에 처해 있는 이 시대의 여성들과 만났지요(〈핑크룸〉). 과일이 든 광주리를 머리에 인 채로 아이를 안고 젖을 먹이면서 돈을 세야 하는 탓에 여섯 개로 늘어난 손을 가진 여성(〈손이 열이라도〉), 어시장의 억척스러운 어머니(〈어시장〉) 등 이 시대뿐 아니라 400년의 시간을 뛰어넘어 과거의 여성을 만나기도 했습니다. 어려서부터 시를 지었지만, 가부장적인 가문으로 시집을 간 후에는 몰이해 속에서 외롭게 지내다가 스물일곱 살로 세상을 떠난 시

〈핑크 룸 IV〉, 혼합 매체, 1995.

〈손이 열이라도〉, 종이에 아크릴, 105×75cm, 1985.

⚏⚏⚏⚏⚏⚏⚏

〈어시장〉, 나무에 아크릴, 2003

〈허난설헌〉, 혼합 매체, 115×170×10cm, 2005

⚏⚏⚏⚏⚏⚏⚏

〈허난설헌〉을 위한 드로잉, 2005

___

인 허난설헌이었지요(〈허난설헌〉). 나무로 깎은 기다란
손으로 후세를 낳아 기르는 일, 며느리와 부인 역할만
을 강요받았던 여성들의 마음을 어루만졌지요.

제가 이 책으로 선생님과 다시 인연을 잇게 된 것은 10년
전에 「모성의 진화」라는 제목으로 쓴 짧은 에세이 덕분
입니다. "나는 제 자식만 아는 사람들이 싫다. 그건 모성
이 아니라 이기심일 뿐이다. 자식을 사랑하다 보니 주변
까지 아우르게 되는 것. 자기의 사랑을 사회로 확장하는
것. 가령 생태 문제에 관심을 갖는다거나 하는 것이 모성

이다." 선생님이 새롭게 정의 내린 '모성'에 마음이 크게 움직이면서 글을 쓰기 시작했고, 글을 마칠 즈음에 유기견 조각이 '모성'의 확장이라는 걸 깨달았지요.

2008년 아르코미술관에서 1,025마리의 유기견 조각을 선보이셨을 때, 어떤 이들은 선생님이 '여성'이나 '모성'이 아닌 다른 주제를 들고 나왔다고 생각했지요. 작품의 계기는 2003년 1,025마리의 유기견을 돌보는 60대 여성 이애신의 이야기가 실린 신문 기사였습니다. 포천의 집 앞에 도착했을 때 일제히 백 몇 십 마리의 개가 선생님을 향해 뛰어오던 순간을 잊지 못하셨다고요. 작업실로 돌아와 인간의 이기심으로 버려진 개들을 나무로 깎아 내기 시작합니다. 30센티미터에서 1미터가 넘는, 크기도 견종도 다르지만 모두 버림받은 기억을 지닌 점에서는 같은 개들이었지요.

화성의 작업실로 찾아뵐 때마다 선생님은 에이프런을 허리에 매고, 때로는 고무줄로 앞머리를 고정한 채로 작업실 문을 열어 주셨지요. 늘 환한 웃음으로 반겨 주셨지만, 저는 방해자가 된 느낌이 들기도 했습니다. 조금 전까지도 무언가와 대결을 하신 듯한 에너지와 기운이 작업실 곳곳에서 전해졌거든요. 작업실 옆 수장고도 종종 볼 기회가 있었는데 지하에 모여 있는 1,025마리 개들은 만날 때마다 반가웠지요. 5년간 개 조각을 만들면서 작가 인생이 끝날 것 같을 정도로 힘들었다고 하셨지만, 이제 개들이 선생님을 지켜 주고 있다는 느낌이 들었거든요.

선생님을 뵙지 못한 기간에도 학고재와 OCI미술관의 전시를 통해 한국화라는 새로운 매체에 도전하셨다는 걸 알고 있었지요. 한국화로 그린 채색 초상화의 주제가 '자화상', '벗들의 초상'을 거쳐 '여성 독립운동가'로 이어지는 과정도 지켜봤습니다. 시작은 명확합니다. 국립중앙박물관에서 윤두서의 〈자화상〉을 보고 망치로 맞은 듯한 충격을 받았기 때문이라고 여러 인터뷰에서 언급하셨으니까요. 작업실로 돌아오자마자 단 1초도 망설이지 않고 캔버스, 유화 붓과 물감을 문밖으로 내놓으셨다고요. 손에 익은 재료를 과감히 버리면서까지 선생님이 얻고자 한 것은 무엇이었을까요. 저도 『한국의 초상화』를 찾아 윤두서의 〈자화상〉을 다시 들여다봤습니다.

어둑어둑한 전시실에서 처음 윤두서와 만난 일이 떠올랐지요. 말씀하신 대로 윤두서의 〈자화상〉은 보는 사람을 얼어붙게 만들지요. 분명 300여 년 전에 세상을 떠난 사람인데 눈앞에 살아 있으니까요. 자신의 내면을 마주하는 눈은 차분하고 냉정하면서도 탐구심 넘치는 열정으로 가득 차 있습니다. '불타오르는 얼음' 같은 눈입니다. 자신의 약점과 추악함을 직시하고 이를 극복하려는 힘에 보는 쪽도 긴장을 늦출 수 없습니다. 계속 보고 싶으면서도 피하고 싶다는 생각이 드는 건 윤두서의 눈이 저 역시 꿰뚫어 본다고 느꼈기 때문입니다.

윤두서의 〈자화상〉을 마주하고 '그림이 이렇게 영혼을 뒤흔들 수 있구나.' 하고 깨달은 선생님은 한국의 초상화에 관심을 갖게 되었고, 책을 들여다보다가 또 한 번 깨달으셨다고요. 두꺼운 초상화 책에 실린 여성 초상이 단 두 점밖에 없다는 사실, '여성이 이다지도 사람대접받지 못했구나.' 하는 울분이었다고요. 그럼에도 불구하고 여성들도 나라가 망할 때 분노하고 목숨 걸고 일제에 대항했다는 사실에 마음이 흔들리셨다고요. '사회적 약자였던 여성이 앞으로 나서서 대항할 수 있었던 힘은 어디에서 나온 것일까.' 하는 질문을 던지고 선생님은 다음과 같은 답을 얻습니다. '목숨을 걸고 자기 자신을 당당히 찾는 것.'

이 책의 부제를 '여성', '독립', '운동가'라고 정한 이유이기도 합니다. 약자였던 '여성'이 조선뿐만 아니라 자신과 타인의 '독립'까지도 실현하려던 '운동가'였기 때문이지요. 예전부터 선생님은 "예술이란 내 존재에 대한 질문이다."라고 언급해 오셨죠. 여성 독립운동가에게도 나라를 찾는 것은 바로 자신을 찾는 것이었다는 깨달음과 일맥상통합니다. 여성이 제대로 된 이름을 갖지 못했거나 밖에서는 쓰개치마를 써야 했거나 교육의 기회가 없던 것이 당연하던 시절이라는 걸 떠올리면, 그들의 용기에 놀라지 않을 수 없습니다. 그야말로 '자신의 사랑을 사회로 확장한 모성'이라고 칭할 만하지 않을까요. 작업실 옆 수장고에 차곡차곡 포개어 서 있는 여성 독립운동가 초상을 보면서 이번에는 어떤 '모성의 진화' 단계를 거치고 계신 건지 궁금해졌지요.

선생님께서 작업하신 여성 독립운동가 초상은 얼굴이 화면의 대부분을 차지하는 반신상과 전신상으로 나뉩니다. 반신상은 연필 혹은 분채로 그렸는데, 그중에서도 연필의 날카로운 선으로 그린 얼굴은 '불타오르는 얼음' 같은 눈동자를 지니고 있습니다. 불의에 분노하는 모습으로도, 독립운동에 수반되는 체포·고문·죽음의 공포를 극복하려는 결연한 표정으로도 보입니다. 혹은 '목숨을 걸고 자기 자신을 당당히 찾기 위해' 스스로에게 질문을 던지는 중일까요? 상반신 초상이 종종 그녀들이 그리지 못한 자화상처럼 느껴진 건 그 때문이겠지요. 선생님은 그림을 그릴 기회가 주어지지 않은 여성을 대신해서 붓을 잡았고, 그 결과 한국 초상화의 역사에서도 드문 자화상의 계보가 이어지는 느낌이 들었지요.
　반면 한지 위에 분채로 그려진 전신상은 여성 독립운동가를 향한 오마주로 보입니다. 반신상이 자신의 내면과 팽팽하게 대결하느라 다소 경직되어 보인다면, 전신상은 화폭 위에 사용된 색채만큼이나 표정도 상황도 다양합니다. 만세를 부르거나 잠행을 하는 독립운동의 장면이 담기기도 하지만, 자신과의 대결을 이미 끝내고 휴식을 취하는 듯한 모습도 자주 보이지요. 때로는 의자에 편한 자세로 앉아 자신의 존재에 대한 답을 찾은 듯 충만한 표정으로 우리를 바라봅니다.

작업실로 찾아뵐 때마다 선생님의 책상에는 두꺼운 책이나, 글씨가 빼곡하게 들어찬 노트가 펼쳐져 있었지요. 여성 독립운동가에 관해 연구하신 흔적이었지요. 저는 A4 용지에 적은 작업 일지를 받아서 읽는 기회를 얻기도 했습니다. 일지 속에는 여성 독립운동가의 삶에 감탄하는 동시에 그동안 너무도 몰랐다는 사실을 끊임없이 상기하는 선생님의 모습이 담겨 있었지요. 한 페이지에 '부끄럽다'라는 표현이 세 번이나 등장하기도 했습니다. 책을 읽으면서 여성 독립운동가의 모습을 궁금해 하거나 마음속에 그려 보며 쓴 기록도 남아 있었지요.

　'의병가도 여러 곡 만들어 부르게 했으니 음악에도 조예가 깊지 않았을까?'라고 윤희순을 상상하거나, 어윤희의 경우에는 '길거리에서 만나는 사람들에게 「독립선언서」를 뿌리면서 외쳐 대는 '대한 독립 만세', 그 소리가 왜 이렇게 생생한지'라고 쓰셨죠. 그리하여 윤희순의 전신상 옆에는 의병가가 새겨졌고, 어윤희는 커다란 입을 벌려 목이 터져라 외치는 소리가 들릴 듯한 모습으로 탄생했습니다.

흐릿하고 작은 사진만 남아있어도 2미터 크기의 그림을 완성할 수 있었던 건 역시 상상력의 힘이었습니다. 400여 년의 시간을 뛰어넘어 허난설헌에게도 가닿은 손이었지요. '엄지손톱만 한 크기의 자료 사진일망정 남겨진 것이 있다면 그것을 바탕으로 그들의 삶을 상상해 보는 것이다.' '괜찮아, 네가 상상하는 대로 표현해 봐.' 다른 사람에게 향했던 다정함이 자신에게도 향합니다. 스스로를 도닥이는 모성은 선생님께서 42년간 신나게, 즐겁게 달릴 수 있었던 중요한 힘이었다는 걸 발견했지요. 몇 년 전 인터뷰에서 선생님은 모성에 관해 다음과 같은 이야기를 남기기도 하셨지요.

"이 얘기 꼭 드리고 싶은데요, 여러분이 '모성'의 의미를 소극적으로 받아들이지 않았으면 해요. 모성의 뜻을 편협하게 해석하면 오히려 반反여성적인 의미가 될 수 있어요. 제가 얘기하고 싶은 모성은 나의 아이 낳고 키우는 그런 범주의 것이 아니라, 물질문명으로 파괴되고 있는 자연의 힘을 복원하고, 사랑하고, 보듬는 힘을 뜻합니다. 모순적인 우주의 삶 자체를 보듬을 수 있는 힘이 바로 모성이죠. 다시 말하는데 제가 말하고 싶은 모성은 아이 많이 낳아 키우자, 내 아이한테 희생하자, 그런 뜻의 모성이 아닙니다(웃음).”
(『중앙일보』, 2018년 9월 26일 자)

인터뷰를 읽다 보니 “자식을 사랑하다 보니 주변까지 아우르게 되는 것. 자기의 사랑을 사회로 확장하는 것. 가령 생태 문제에 관심을 갖는다거나 하는 것이 모성이다.”라고 하셨던 언급이 다시 떠올랐습니다. 제가 여성 독립운동가를 만나면서 가장 마음이 흔들렸던 것도 주변 약자에 대한 친절함, 다정함이었다는 사실을 새삼 깨달았지요. 천민이라도 집에 찾아오면 반갑게 맞아 주라고 했던 윤희순, 아이들에게도 경어를 썼다던 최용신, 기생과 씨받이에게도 교육의 기회를 준 차미리사, 어머니와 함께 수감된 아기를 위해 젖은 기저귀를 몸에 차서 말려 준 유관순, 자신의 밥을 유관순에게 양보한 어윤희, 천황에게 반대하고 피지배민의 편에 선 가네코 후미코, 기생의 권리를 위해 시위를 주도한 김향화, 여성의 의지에 따른 자유연애를 주장한 권애라, 여성 교육에 힘쓴 이애라…. 이 책의 주인공들은 지금과 비교할 수 없을 정도로 여성이 더 사회적 약자였던 시절에 자신의 주변을 아우르고 약자를 구하려 했지요.

마지막으로 선생님의 작업 일지에 섞여 있던 노트의 한 부분을 옮겨 적으며 편지를 마치려고 합니다.

사람들은 묻지요. 왜 당신은 인간에 대한 전반적인 화두를 놓아 두고 여성이라는 한정된 주제에 집착하는지. 예술이란 무한한 자유을 구가하는 것인데 여성이라는 화두는 제한적이기 때문이지요. 저는 대답합니다. 남성이 인간이라는 커다란 하나의 개념으로 불릴 때 여성은 인간이기 전에 여성이라고 분류되는 시기에 여자아이로 태어났고 여성으로 키워졌고 그렇게 자랐고 교육 받고 직장을 다녔고 그리고 결혼을 했습니다. 그러한 시기를 통해서 나의 존재가 여성이라는 하위개념으로 정의 내려지는 커다란 모순을 발견하게 되고 그 원인이 무엇일까, 의심하게 된 것입니다. 그리고 그 의심을 풀어 보기 위해 미술이라는 도구를 사용하기 시작한 것입니다.

선생님은 세 남동생과 여동생을 공부시키기 위해 19세부터 28세까지 직장 생활을 하면서도 그 사실이 자랑스러웠다고 하셨죠. 스스로의 학업을 포기하면서도 사랑하는 동생들을 위한 일이어서 기쁘게 받아들였지만, 훗날 한 번도 그 점을 모순이라고 생각하지 못한 스스로에게 놀랍습니다. 남아선호사상이 머리끝에서 발끝까지 가득 찼기 때문이었다는 걸 깨달은 것이지요. 자신의 일에서 그치지 않고 역사 속에서 발판 역할을 해 온 여성

을 공부하고, 숨어 있던 그들의 모습을 드러내 보여야
겠다고 마음먹으셨다고요. 노트의 글은 다음과 같이 이
어집니다.

그러므로 그림을 시작한 1979년 봄 이래로 나의 작
업의 화두는 언제나 '여성인 나'에게 집중되어 있습니
다. (…) 나의 상상의 세계에 당신을 초대하고 그리고
소통이 이루어진다면 작가로서 그 이상의 어떤 대가
도 바랄 게 없다고 느낍니다. 나는 아직도 여성이라
는 화두로 말하고 싶은 것이 많습니다. 퍼내고 퍼내
도 마르지 않는 우물 저 밑바닥에서 샘물이 끊임없이
솟듯이 그렇게 얘기가 솟아납니다. 수천 년 표면 아래
서 웅크리고 있던 여성적 감수성이 하나의 폭포처럼
솟아오르기를 기다리고 있습니다. 이 힘이 어떤 치유
의 힘으로 바뀔 그런 때를 기다리고 있는 듯합니다.

'폭포처럼 솟아오르기'라는 표현에 눈길이 머물자 쏴아
아 하는 물소리가 들려오는 듯했지요. 3·1 만세 운동을
하다가 수감되어 〈개성난봉가〉를 함께 부르던 여옥사
에 쏟아지던 박연폭포입니다(2장 참조). 자신의 목숨이
위태로운 상황에서도 타인을 돕는 '모성'이 '공동체'를
이루는 순간, 이제 폭포는 아래로 떨어지지 않고 분수
처럼 솟아오릅니다. '수천 년 표면 아래서 웅크리고 있

〈눈물이 비처럼, 빛처럼: 1930년대 어느 봄날〉, 나무에 아크릴, 2021.
(2021년 〈덕수궁 프로젝트 2021: 상상의 정원〉 설치 광경)

던 여성적 감수성'이 모여 중력의 힘을 거스릅니다. 선생님이 마련한 '상상의 세계'에 초대된 덕분에 8월의 무더위 속에서도 시원한 물줄기를 맞으며 편지를 마칩니다. 이제 곧 여성 독립운동가 초상 100명을 완성하시고 나면, 선생님은 또 어떤 모성의 진화를 맞이하게 되실지요. 한 번도 가 보지 못한 미지의 사막을 달리는 모습을 옆에서 계속 지켜보고 싶습니다.

2023년 8월

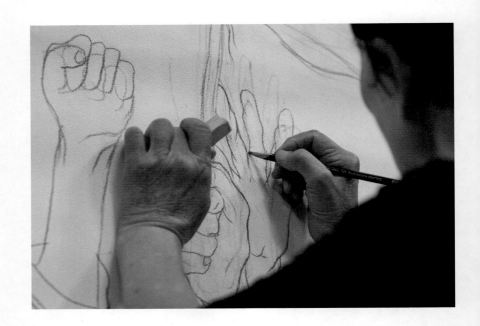

Portrait of UH Yoonhee
어윤희 초상
Color pigment on Hanji
한지 위에 분채
210 x 94 cm
2022

그림 윤석남

미술가. '여성주의 미술의 대모', '페미니스트 화가 1세대'라고
불리는 윤석남의 첫 화두는 어머니였다. 어머니를 통해 이 시대
여성상을 대변하는 작업으로 마흔이 넘은 나이에 첫 개인전을
열어 많은 이의 공감을 얻었고, 차분하면서도 서늘한 시선으로
가부장적 권위에 대응하는 작품활동을 이어 갔다. 허난설헌,
이매창 등 과거의 여성뿐만 아니라 현실의 여성을 화폭 혹은 설치,
조각으로 건져냈고, 1,025마리 유기견 조각을 통해 여성뿐만
아니라 동물을 포함한 모든 생명에 대한 배려로 작품 세계를
확장해 나가고 있다. 최근에는 한국화 기법과 재료에 도전하여
《벗들의 초상을 그리다》전을 열었고 《싸우는 여자들, 역사가
되다》전에서 시작된 여성 독립운동가 초상화 연작을 진행 중이다.
공저로 『싸우는 여자들, 역사가 되다 ― 세상을 뒤흔든
여성독립운동가 14인의 초상』 『다정해서 다정한 다정씨』 『김승희
윤석남의 여성이야기』 『서경식 다시 읽기』 등이 있다.

글 박현정

역사와 미술사를 공부했고, 한국과 일본에서 대한제국기 오얏꽃
문양과 민예운동가 야나기 무네요시의 전시관에 관한 연구로 석사
학위를 받았다. 지금은 경기도 양평에서 에세이와 동화를 쓰면서
출판사 연립서가에서 책을 만들고 있다. 일본 유학 시절, 등굣길인
우에노 공원을 출발지로 한 미술관 기행서 『아트, 도쿄』(공저)를
썼다. 한국으로 돌아와서는 천경자, 윤석남, 닭모양 토기 등의
전시 작품을 통해 의도치 않게 마주한 과거의 기억을 『혼자 가는
미술관』으로 엮었다. 그림책으로는 화가 이응노와 거짓말쟁이
소년 마르코폴로의 만남을 상상한 『이응노와 마르코폴로의
동방견문록』을 펴냈다. 번역한 책으로 『앙리 드 툴루즈 로트레크』
『처음 읽는 서양미술사』 『고양이는 처음이라』 등이 있다.

모성의 공동체 : 여성, 독립, 운동가

초판 1쇄 발행 2025년 3월 20일

지은이   박현정
그림   윤석남
편집   최재혁 이진숙
디자인   이기준
제작   세걸음

펴낸이   박현정
펴낸곳   연립서가
          (출판등록 2020년 1월 17일 제2022-000024호)

주소   경기도 양평군 서종면 북한강로648번길 4, 4층
전자우편 yeonrip@naver.com
페이스북 facebook.com/yeonripseoga
인스타그램 instagram.com/yeonrio_seoga

ISBN 979-11-93598-06-1 (03910)
값 23,000원